你的努力要配得上你的野心

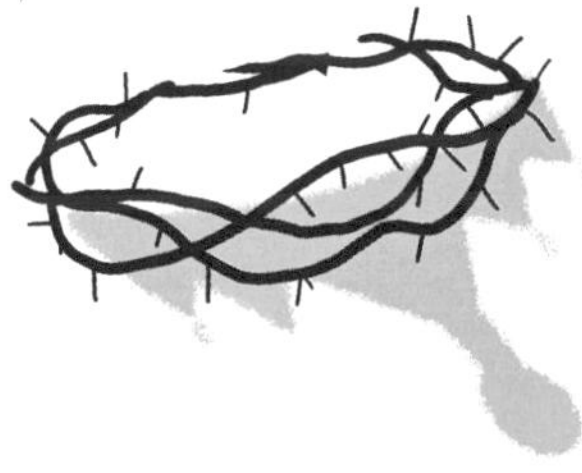

博客來百大年度暢銷書作家
李尚龍 著

PART 1

當你的能力撐不起你的野心時

目錄 CONTENTS

PART 2

總在進步的人，從來不會老

PART 3

永遠為生活埋下彩蛋

目錄

CONTENTS

PART 4

有沒有一個時刻，讓你忽然長大

〔自序〕

你好。

二〇一八年年初，我在東京見到一位作家前輩。那時他六十多歲，每次看手機都得戴上老花眼鏡。我們喝了一瓶清酒，聊得很開心。

酒過三巡，他問我：「尚龍，你平均多久出版一部作品？」

我想了想，說：「從二〇一五年起，基本上是一年一部。他們都說我高產，搞得我都不好意思寫了。」

他笑了笑，說了一句讓我印象深刻的話，他說：「你別管人家怎麼說，趁著你還願意寫，趁著你的眼睛還能看得清，就多寫一些吧。」

說完，他摘掉了眼鏡，對著我笑了笑，繼續說：「年輕真好，我已經快看不清電腦了。」

那時，我從他的眼睛裡看到了一絲淚光，這才忽然明白，我也會老，會寫不動，會沒話可寫，會看不清、聽不見，甚至會老年癡呆。但好在，此時此刻，我正值年輕。

我想，正在讀這本書的你，也正是你最年輕的時候，無論你的年紀有多大，今天都是你最年輕的一天。

我們誰也抵擋不住時間的流逝，但我們能選擇不後悔地度過當下。

那麼，讓我也學習那位前輩的口吻跟你說一句：「**別管人家怎麼說，趁著你還年輕，去做自己喜歡的事；趁著你的心臟還在跳動，去追求自己想要的生活。**」

如果你願意聽進去，這句話將會在時間的沉澱下，為你的生活帶來巨大改變；但如果你不願意聽進去，它不過是無用的雞湯。但我想告訴你，既然年輕，就永遠不要失去希望，不要滿嘴不屑地用「雞湯」理解這個世界，永遠要相信，人是可以改變的。

二十歲的時候，我剛來北京，被生活折磨得死去活來。

我暗自發誓：等我能獲得自由，我一定會追求自己喜歡的生活，不浪費一分一秒。為夢想的生活努力，讓我配得上那樣的日子。

逐漸，我開始明白一個特別簡單的道理，人這輩子，要嘛按照自己的想法去活，要嘛按照自己的活法去想。但前者需要的努力更多，遇到的挫折也更多，實現起來也更難，可怕的是，大多數的人最後都活成了和別人一模一樣的刻板生活，忘記了自己曾經想要的模樣。在科技越來越發達的今天，可怕的不是人工智慧像人，而是人越活越像人工智慧。

人們活得越來越像，是因為人們按照自己的想法去活本身就更難。真的，很難。

我記得剛當老師時，每天備課、上課。有一天，上完十個小時課後，我蹲在便利商店門口，拿著一碗泡麵，寒冷的冬天卻有著明亮的月光。我一口一口地吃完那碗泡麵——那天的第一頓飯。我看著漫天繁星，告訴自己，現在吃的苦，就是為了以後不讓自己最愛的人吃同樣的苦。

我記得在健身房跑步時，膝蓋受了傷，從跑步機滑到地上的場景。那疼痛鑽心，我卻不敢叫出來，一瘸一拐地走到更衣室，低頭一看，膝蓋上的血流到了襪子上。我用乾淨的衣服緊緊地包紮起來。回家的路很漫長，我告訴自己，總有一天，我會買一台屬於自己的跑步機。

記得在地鐵口，我的錢包被偷，我看著偌大的城市，忽然失了神，沒有錢，寸步難行。我蹲在地上著急到汗流浹背。那一晚，我走回了家，十五公里，我從汗流浹背走到淚流滿面。到家後，我才發現手機也丟了。我躺在床上，把被子往頭上一蒙，兩行淚不爭氣地流了下來，我告訴自己：等我有錢了，一定要搭計程車上班。

我還記得很多這樣的場景，還記得那時為自己許下的很多願望，那些現在看起來傻氣的簡單的願望，直到今天，都實現了。因為那些孤獨的日子，讓我明白了，孤獨是最好的增值期；也是那些無助的日子，讓我明白了，一個人只要相信明天，並為之努力，上天一定會給他光亮的明天。

直到今天，我都很感激那些難熬日子中的自己，他不怕苦、不怕累，埋著頭迎著太陽往前跑，他沒回顧，沒氣餒，無論誰說什麼都堅持著往前走，盯著目標而不是看著對手。

直到今天，我終於可以告訴自己，也可以告訴你，現在的生活，就是我想要的。但或許只有自己明白，這些年遇到的困難是什麼。但那些苦，似乎都是生命中的財富，都是青春裡最美的印記。**大多數人堅持到了深夜，卻倒在了黎明前。**

我想，你也正好在最美的年華，你和我一樣，都看著遠方，相信著未來，不願意活成自己討厭的模樣。所以，你選擇了我的書，選擇了我的作品。謝謝你還這麼單純地相信著未來，這樣的人本身就不多了。

如果可以，願你能在安靜的時候，讀完裡面的文字，這些文字是平時的隨筆，是睡不著時的思考，是微醺時的感受，是孤獨時的希望。

我想，我也會老去，甚至有一天，會像那位前輩一樣，寫不動任何作品。

但好在，此時，我還在你身邊，陪著你長大，此時，正是我們最年輕的時候。我曾寫過，打敗焦慮最好的方式就是立刻去做令你焦慮的事情，而請你相信，此時此刻就是永遠，此時此刻也就是一切。

所以，願你青春無悔，永遠在路上，也祝你閱讀愉快，著眼未來，活在當下。

生活是自己的，
奮鬥也不是為了別人，
拚搏是每天必做的事情，
只有每天進步，
才是最穩定的生活。

PART 1

當你的能力撐不起你的野心時

當你有了野心，別著急爆發出來讓世人知曉，
默默地埋在心裡，用每天的努力來為灌溉它，
讓野心發芽、結果，成為生命的一部分。
在沒人看到你的時候，你更要默默發光。
一個人平靜地努力，刻意地訓練，
低調地前行，創造出一個更好的自己。

你的野心，要配得上你的努力

你想改變世界，卻過得一塌糊塗；你想和最美的女孩戀愛，卻不修邊幅；你想通過考試，卻連一個單字都不背；你想踏遍千山萬水，過上浪跡天涯的生活，口袋裡卻沒有一張買車票的錢。

1

每個人都有野心，尤其是在自己年輕的時候。

但隨著年紀增長，挫折變多，人的野心漸漸退化成了決心，決心變成了安心，安心變成了隨心，隨心變成了無心，然後就開始嘲笑那些有野心的年輕人。

這些年我交的朋友，年紀幾乎都比我大，有些甚至是與我年紀相差很多的長輩，他們的兒子只比我小幾歲。於是，我總是被邀請到他們的家中作客，被某個比自己小幾歲的孩子叫叔叔。

在一次家宴裡，我這當叔叔的親眼看到一次家庭衝突。高考填報志願，兒子想學攝影，父親是個工程師，堅持要他報考當地的工程大學，將來子從父業，穩定踏實，兒子能在自己身邊，日子也能過得不亦樂乎。但那頓飯吃得很不開心，父親滔滔不絕，兒子低頭不語，我在一旁，如坐針氈。眼看桌子上的紅燒肉涼了就不好吃了。

於是，我率先張了口：「哥，聽聽孩子的想法吧，都是你在說，他都沒張口。」說著，我夾了一塊紅燒肉到他的碗裡，順勢夾了一塊給自己，順理成章地吃了起來，味道還不錯。

孩子說得很簡單：「我從小就喜歡攝影，還獲得很多獎，我覺得我以後會成為一名優秀的攝影師，會拍出世界上最好的照片。」

聽到這兒，紅燒肉在我嘴邊忽然失去了味道，他說的那番話不像是出自一個十八歲的孩子，倒而像是個十歲的孩子講出的。他的話，似乎更有味道。

果然，他父親開口了：「年紀輕有野心是好事，但我告訴你，你一定會後悔的。」

趁著他父親講著這沒味道的話，我吃完了紅燒肉，看了看他，嚥了下去。

他父親繼續說：「誰不曾年少無知過。」

我接了話，說：「年輕不一定無知，年齡也不能決定智商吧。」我繼續說：「如果他後悔，就後悔吧，這麼大了，還這麼有想法，後悔是自己的事，不後悔豈不是更好？」

他父親夾了塊肉，囫圇地嚥了下去，看得出，那塊肉對他來說也味同嚼蠟。

回家的路上，我看著城市的夜色，久久不能平靜，原因很簡單：來這個城市十年了，我也從青年變成了中年，但我們從什麼時候開始，失去了野心，又從什麼時候開始，連有野心的人都不相信，卻要嘲笑一番了呢？

隨著年歲增長，那些曾經最美好的執著、最偉大的野心，也都隨著時光煙消雲散了嗎？想到這裡，我忽然有些感傷。好在，後來我得知，那孩子最終還是學了攝影，大三時還獲得了國家獎學金，迄今為止過得很好。

2

直到今天，我都很喜歡和那些有野心的人一起，更喜歡和有野心的孩子成為朋友，無論他們年紀大小，必定是有趣的一群人。因為他們對這個世界充滿希望，相信明天，認為自己會越來越好。這樣的人很少，但的的確確存在，是他們點亮了這個時代的夜空。

可只有野心，遠遠不夠，你的野心，還必須配得上你的努力，否則只有野心，吹噓扯淡，不行動，人就成了妄人。

你想改變世界，自己卻過得一塌糊塗；

你想和最美的女孩談戀愛，自己卻不修邊幅；

你想通過考試，卻連一個單字都不背；

你想踏遍千山萬水，過上浪跡天涯的生活，口袋裡卻沒有一張買車票的錢。

你為自己的野心做過什麼努力呢？

你的野心，不過是空中樓閣；

你的夢想，也不過是虛幻。

沒有腳踏實地的理想，全部是騙人誤己；沒有經濟基礎的浪跡天涯，全部是空談。

你為你的野心，做過什麼努力呢？

當老師的這些年，我最大的感觸，就是考試前大家表現得一樣，幾乎沒什麼差別，可是考試後，永遠是幾家歡樂幾家愁。

為什麼會這樣？很簡單，你真的用心學習了嗎？你有按照要求每節課都徹底理解了嗎？你背單字了嗎？你做題目了嗎？你把每個盲點都弄清楚了嗎？倘若都沒有，那些野心又有什麼意義呢？

這些年，我見過好多學生喜歡深夜勵志，說什麼總有一天自己一定會成為人上人，然後@我，時常讓我感到毛骨悚然。

半夜十二點，他們為自己列了好多第二天要做的事情和要實現的目標，這野心已經像是誓死的決心，但結果呢？第二天晚上，他又羅列了一遍一樣的目標。

人在夜晚特別容易情感爆發，到了白天就要死不活。我其實不太贊同到處說自己的野心和夢想，有時候一旦說出來，往往就洩氣了，除非你是一個需要被人監督才能向前的人。所以，**當你有了野心，別著急爆發出來讓世人知曉，默默地埋在心裡，用每天的努力來灌溉它，讓野心發芽、結果，成為生命的一部分。**

不要老是在半夜發文發誓發洩情緒。人，一到深夜就是想得太多，讀得太少。

3

有野心是一件很美好的事情，你不需要告訴別人，不需要聲張，它是一個自己與自己的約定。

你告訴自己要飛到月亮上，有一天你會明白，自己並不能插上翅膀。但你透過自己的努力，能隨時買得起飛機票，從天上俯瞰大地，擁有飛翔的感覺。

這樣的努力，也配得上你的野心。

我曾經在自己最無助的時候，在日記本上寫過一句話：「尚龍啊，你要盲目自信，要相信自己許下的目標，不要管別人怎麼說，一定會完成！」

後來我長大了，看到紙上盲目自信那四個字，總是慶幸。

是啊，在那一無所有的時候，何來的合理自信呢？但有了盲目自信，我的野心重新回到了心中正確的位置，有了野心，誰的打擊也不好使，我就是要埋頭向前，迎接每天的挑戰。

後來我把盲目自信這四個字送給了許多讀者，告訴他們，不要管別人怎麼說，不要管這世界怎麼了，不要管身邊人如何頹廢，你要堅定自己的努力，安靜地奮鬥，每天進步一點點，這些都是灌溉你野心的養分。

直到有一天，野心成了現實，目標成了目的地，盲目自信也就自然變成合理自信了。

記住，野心是自己和自己的約定，不要管這世界怎麼糟。寫到這裡，我想起電影《動物世界》裡的那段台詞：

該打的仗我已經打過了
該跑的路我也跑到了盡頭
老子信的道老子自己來守
背叛、爭搶，沒有底線
想把老子變成一隻動物！No！
沒戲老子寧可做一輩子披荊斬棘的小丑
也絕不會變成你們這種人渣的樣子
遊戲是你們的
規則老子自己來定

現在讀起來，忽然明白，這就是野心，它和別人無關，和世界無關，只和自己的努力息息相關。

你離想要的生活，只差一個野心

在沒人看到你的時候，你更要默默發光。一個人平靜地努力，刻意地訓練，低調地前行，去創造出一個更好的自己。

1

爺爺家在河南的光山縣，這個縣曾經是當地著名的窮縣，許多人靠小本生意維持生計，有的人做了一輩子的小生意，也沒什麼積蓄。

爺爺生前，我曾經問過為什麼沒有政府介入濟貧，他講了一個故事：

當時，政府曾協助一家貧困家庭，這一家人靠經營雜貨店為生。政府拿出一萬元，希望他們把門面修繕得好一些，或者多進一些貨，把債務清了，從而把更多的精力投入到生意中。這家人接受濟貧的時候，滿口答應。但一年後，這家雜貨店沒有任何變化。

因為這家人把濟貧的錢拿去打麻將，輸了精光。

同樣的故事發生在印度。《匱乏經濟學》裡講了個故事：一個印度家庭每天靠打魚為生，每天早上五點就要起來打魚。租別人的船每天要付很多租金，倘若他們能有自己的漁船，就不用那麼辛苦了。

於是，調查者就拿著一筆錢給這些每天必須早起的漁夫。他們認為，只要拿著這筆錢買一艘船，就能改變他們的生活，至少不用每天那麼早起了。

可是，幾個月後，他們發現這些漁夫花光了所有錢，有些是當嫁女兒的嫁妝送了，有些是為了排場花了，有些是賭博輸了，有些都不知道怎麼就用掉了。大多數人又過回了原來的生活。

所以，到底怎麼了？

類似的故事有很多，其實，比口袋更貧窮的，是一個人習慣了這樣的生活，從內心深處不想有什麼改變。而他們不知道的是，底層的舒適區是十分恐怖的，因為待著待著，人就會變得迷茫，繼而漸漸變得頹廢。

美國作家拿破崙．希爾在《思考致富》裡說：「無形的意念會帶來財富，凡是你心裡所想，並且相信的，最終必然能夠實現。」

《祕密》一書的作者也說：「你朝思暮想的，終將會被你吸引。」

說真的，我不太相信吸引力法則，但可怕的是，一個人連想都不想，更別提做點兒什麼了。

欲望沒了，連野心都不剩，只剩下舒適，舒適區待久了，人就廢了。

我曾經寫過一句話：在大城市搞廢一個人最簡單的方式，就是一個小房間和一條網路線，如果再加上外賣電話，這人就廢了。底層的舒適區，十分容易廢掉一個人。

一個人離自己想要的生活，就差一個野心，一個願意改變現有狀態的野心。

就像《匱乏經濟學》這本書裡說的那樣：「稀缺的資源一點兒也不可怕，這個世界不缺資源，最可怕的是稀缺心態。」這種心態，註定把人牢牢地控制在自己所處的舒適區，無法自拔。

有時候我們不得不承認，這個世界是分階級的。

而這些年，階級複製的話題被廣泛討論，有錢人好像一直都那麼有錢，他們的孩子接受更好的教育，分占更多的資源，從而擁有更多的財富。

聽起來有些可怕，不，其實比這個更可怕的是，那些不是很有錢的人竟然認命了。他們不相信人可以改變階級束縛，他們不相信個體從來沒有僵化。比階級僵化更可怕的是意識僵化。你不相信自己的生活可以改變、階級可以躍遷，連一點點的野心都沒了。

美國作家泰勒．科文在《自滿階級》中說：美國的上層階級、中產階級都不思改變，這沒什麼，可怕的是，美國的底層也都十分老實，他們也不願意發生改變。

換句話說，每個階級都對自己的生活太滿意了，這樣，也就造成了階級複製。

但我們不一樣，我們有無數上升的管道，只要你有足夠的野心，足夠的敏感，足夠的努力，你總能看到希望。

怕就怕，你自滿，你覺得無所謂。而現實中，許多人都是如此。

記得有一次，我坐高鐵，當我從標準車廂走到商務車廂的時候，驚奇地發現，除了睡著的人，商務車廂上大多數人都在辦公。對號座上，不少人都在讀書，而自由座上的許多人都在玩手遊、追劇。

最可惜的是，許多玩手遊、追劇的人，都是正值青春的學生，他們把自己的野心放在了遊戲中，放在了消遣裡。

這些年在北京，我認識了很多人。這些人裡頭許多都是白手起家，沒有繼承父母一分錢，憑藉自己的野心和努力，在這座城市從一無所有打拚到收穫幸福，改變了自己的生活。

他們回首往事，總會感嘆著：自己的努力沒有辜負自己的野心。

3

小時候玩過一款遊戲，記不住名字了。你每通過一關，地圖上就多一塊可視的部分，少一塊陰影。後來慢慢知道，這不就是我們的人生嗎？我們每進步一些，每成長一點，世界的地圖就被多解鎖了一塊。

野心，是解鎖地圖最好的鑰匙。

如果你是一個有野心的人，想要體會不同的生活，請聽我一個建議：一定要來大城市。

我經常鼓勵高考結束的學生和計畫考研究所的學生首選大城市，因為既然年輕，何不義無反顧地去世界的中心。

如果想要成為一個不一樣的人，就應該有這樣的野心去更大的地方，嘗試不一樣的生活，認識更多的人，走更多的路。

曾經有很多學生問我，是不是一定要去大城市生活。我說，那取決於你想成為什麼樣的人。

如果你的野心還無處安放，那就來闖一闖吧。倘若已經不願意顛沛流離，那回到老家也不算失敗，不過是另一種生活而已。

大城市意味著有更多的機會，有更不一樣的人，有更不同的生活，但同時也意味著有更多可能的失敗，更多可能的孤單，更多可能的沮喪和絕望。

那為什麼還要來大城市呢？

記得有一次，我參加一位朋友的新書發表會，現場來了很多人。互動問答時，因為時間關係，留了五個提問機會，許多人舉手，前四個機會卻只給了第一排和第二排的來賓。第五個問題時，我提醒朋友，也給後排朋友一個機會吧。朋友點頭同意。

那時我忽然意識到了，為什麼一定要去大城市，因為在你最年輕的時候，一定要離這個時代的心臟近一些，因為那裡的機會多。

不是說離心臟遠的位置沒有機會，但那種比例，就像是互動問答時候的讀者提問，選中你的比例是四比一。

4

但有了機會不代表你一定能怎麼樣。

好的機會一定要搭配上你的才華、能力、素養，才有意義。你的才華、能力、素養，一定要配得上你的野心。

所以，在沒人看到你的時候，你更要默默發光。一個人平靜地努力，刻意地訓練，低調地前行，去創造出一個更好的自己。

因為只有更好的自己，才能配得上更好的生活。

改變自己，就是小人物最大的野心

真正決定一個人行為的，是我們想要達到的那個目標，想要改變自己，就要認清自己的目標。

1

小時候，我一不讀書，父親就會講一個故事給我。在這裡，我也把這個故事分享給你：十九世紀，美國東印度艦隊開著四艘軍艦、帶著幾十門大砲來到了日本，想要開港通商。強大的武力，讓日本不敢說不。第二年，日本被迫簽訂了「神奈川條約」，由此，日本結束了閉關鎖國兩百年的歷史。

但是，當美國軍艦來臨的時候，一個十九歲的鄉下武士報國心切，拿著一把武士刀衝到海邊，想要用手上的武士刀趕走那些美國軍艦。武士跑到軍艦那裡一看，傻了眼，這刀要往哪兒砍啊？他坐在海邊，看著烏泱泱的軍艦，決定放棄劍術，改學西學。

一開始，他告訴身邊的朋友，小太刀比大太刀靈活。之後，又告訴朋友，手槍和火槍才是一統天下的法寶。直到最後，他發現所有的武器都不如文化和知識有用，只有改變人的思維，才能改變這個國家，而改變別人的思維，要從改變自己開始。這個人就是明治維新的第一推手——坂本龍馬。

就是他，提出了許多對日本發展至關重要的政策和規章制度，最後改變了自己的國家。而這一切，都是從十九歲的那個夜晚，他決定改變自己開始的。

十九歲那年，我讀大一，那時的生活已經把我摧殘到沒有夢想。

我討厭那時的環境，覺得生活沒有意義，活著就好，哪有什麼理想和夢值得實現。改變世界這種事情，跟我有什麼關係？更別說，有什麼野心了。

那年暑假，我從北京回到老家，父親再次講了一遍這個故事，他說，你看，你也十九歲，他也十九歲，為什麼會有那麼不同的價值觀呢？

父親繼續說，一個小人物也可以有野心，不過，他的野心不一定要那麼大，不一定要去改變國家、改變世界。起碼你應該像坂本龍馬一樣，從改變自己開始。

改變自己，就是小人物最大的野心。

這句話在我成長的路上給了我很大的幫助。直到今天，我還是會鼓勵學生：「年輕時要有野心，而且要努力。每個小人物，都應該有自己的野心，人要是沒有野心，和鹹魚有什麼區別。」

2

心理學家阿德勒在《自卑與超越》一書中說：「真正決定一個人行為的，是我們想要達到的那個目標，想要改變自己，就要認清自己的目標。一旦校準目標之後，你就會像弓箭手一樣，繃緊身體和精神，讓自己的一切行為都為你的目標服務。」

人應該有自己的目標，並且目標一旦設立，就要用自己的野心去實現它，用行動去靠近它，從此時此刻開始，不要拖延。

我有一個好朋友，叫帥健翔，他是我見過行動力最強的人。他曾是廣州新東方的一線教師，還是催眠師，但他最大的夢想，是成為一個作家。

我曾經問他為什麼，他說，「作家就是坐在家裡，我不喜歡動。」

你看，每個人的初衷其實可以這麼簡單。

我笑著看他胖胖的身材，說：「嗯，可以看出來，你不喜歡動。」

有一次他從廣州來看我，我們在三里屯的一家日本料理店聊天。喝了兩杯酒，他很快表達出了自己的野心，但同時，也表達出了自己的迷茫：想出本書，但不知道該怎麼做。

我當時喝得迷迷糊糊，大概說了一個建議：「帥老師，我的建議是你一定要來北京。第一，這裡是文化圈的聚集地；第二，這裡是出版圈的聚集地；第三，這裡有我。」

喝完酒，我就回家睡了。

第二天早晨，帥老師給我打電話說：「龍哥，我決定搬到北京來！」

我迷迷糊糊地問：「什麼時候？」

他說：「就今天。」

我很驚訝，這樣的行動力，在我身邊很少有人做得到。可是，搬到北京豈是你想搬就能搬過來的？首先你要考慮房租，還要考慮住在哪兒。

我就問他：「你準備住在哪兒？」

他說：「我忙了一上午，確定在富力城社區。」
我忽然醒了，說：「這不跟我一個社區嗎？那你住哪區？」
他說：「我住在A區。」
我坐了起來，說：「什麼，和我一個區！那你住在幾號？」
他說：「我住在×號。」
我站了起來，說：「什麼！跟我一棟樓！」
我又問：「那你住在幾層？」
他說：「我住在你樓下。」
我再也按捺不住興奮的情緒，說：「我們真的太有緣分了！在你完全不知道我住哪兒的情況下，竟然成了鄰居。」
他冷冷地回答著：「龍哥，昨天你喝茫的時候，全都告訴我了。你怎麼不記得呢？」我差點兒一屁股坐在了地上。
那是我十分有感觸的一天，人的野心應該用行動來實現。他就是這樣一個人，在我喝茫的時候，他在學習；在他決定了要來北京的時候，就已經開始計畫並且行動，這樣的人怎麼可能不成功。

一個月後，帥老師的大綱寫完了，稿子也寫得差不多，交給了出版社。我想，用不了多久，他的書就要出來了。他用自己的行動證明了自己的野心不過是平常心。

也就是那時，我開始明白，每一個小人物都應該從改變自己開始。要行動，要做點兒什麼來逐漸靠近自己的野心，這不是雞湯，更不是無聊的勵志。你必須要行動，才會知道這句話的真偽，否則，你只能抱怨著：「聽了這麼多道理，還是過不好這一生。」

3

從二〇一七年起，一個偶然的原因，讓我開始關注校園暴力，持續地關注了一年，為此我寫了本書——《刺》。

從起初的孤掌難鳴，到現在，越來越多的大咖用自己的影響力進入了這個領域。

在一開始，許多人對我冷嘲熱諷地說：「尚龍老師，管這個幹啥呢？又改變不了什麼。」

我沒有回答，因為我的野心沒必要向你彙報。

《刺》剛一上市，就占據了各大排行榜第一名，許多學校的老師、主管機關都讀完了這部作品，他們開了很多次會，思考著應該做一些什麼。

在這本書裡，我寫了這麼一句話：「天使不登台，魔鬼不退場。」

現在終於可以說，天使已登台，魔鬼必退場。

在我寫稿時，寧夏、山東、福建、北京等地區都制定了嚴格的治理措施，要求成立學生霸凌治理委員會。更好的制度和法律相繼出現保護這些孩子。終於，光明照進了黑暗。現在《刺》正計畫著拍成劇集和電影，將來還會有更大的影響力改變這個世界。

直到今天還有人告訴我：「龍哥，我們都是小螞蟻，小螞蟻怎麼可能改變這個世界呢？」

我總是會親切地回答：「你才是小螞蟻，你全家都是小螞蟻。」

其實，每個人都應該相信自己的野心，更應該相信，我們生下來就是和別人不一樣，我們是自己的超人，超人註定飛翔，註定和引力為敵，註定和黑暗為敵。眼睛只要看著天空，就註定有飛翔的機會。

所有小人物都應該從小目標開始努力，一點一點地實現自己的野心。那些簡單目標的實現，隨著時間的累積，總能完成偉大的事業。

最後，還是與你分享一個故事：

美國有個小人物波特，在他二十多歲的時候做過歌手、演員、記者、作家、出納……據說，他還想成為畫家。他是不是很像二十多歲的我們，想要征服世界，卻弄得自己疲憊不堪。

二十九歲時他在德州當銀行出納員，因幾筆錢不翼而飛而丟了工作，還被起訴，指控他挪用公款。被取保候審後，他逃出了美國，一直逃到南美的宏都拉斯。六個月後，他得知妻子病重，女兒生活沒有保障，返家後才自首入獄。最後他被判了五年徒刑。

這就是一個小人物的青春，滿懷希望地成長，遍體鱗傷地跌倒。

波特入獄後，得知妻子無法工作，女兒又不能自理，便找典獄長要了一支筆和一張紙，他說：「我想替女兒賺點錢。」

於是，在那座監獄中，他開始寫作。幾年內，他寫了很多短篇小說。

為了不讓女兒知道他在坐牢，他就用筆名去發表，那是他人生的谷底，但他卻始終保持著小小的野心：為女兒賺點錢。

在他人生的低谷裡，他寫了很多優秀小說，比如《愛的禮物》《最後一片葉子》，這個人就是世界三大短篇小說之王——歐・亨利。

那小小的野心，讓他在人生的谷底發酵，隨著孤獨和寂寞昇華，隨著努力和奮鬥進化，竟讓自己變成了文學巨匠。

所以，誰說小人物不能有野心呢？無非是你肯不肯相信，那些奇蹟隨著自己的努力，總會不經意地發生。

哪怕你和我一樣，不過是個小人物，也希望你能實現自己的野心，找到屬於自己的天地。

你講的話，可能就決定了你的一生

口乃心之門戶，你的口頭禪就決定了你的意識和思維，這可能就決定了一生。

1

一次和一位老師吃飯，他講了一個故事，為了敘述方便，我用第一人稱來寫。

四年前，我有一個學生準備考研究所，她有一個習慣，每次上課只要做錯一道題，她的口頭禪就來了：「完了，考不上了。」

我猜她並不是真的覺得考不上，也許，她只是說著玩。其實她的正確率很高，一篇英語閱讀，五道題可以做對四道（這麼高的正確率很少見）。

但是她總是盯著那道錯題，不停地重複那句口頭禪：「完了，考不上了。」

考前一個月，她的正確率開始急速下降，至少，在我的課上，她的這句口頭禪頻率飆升，一節課能說五次。一開始我以為她很自信，只是在開玩笑，直到有一次，她竟然直接哭了。這時我才知道，她是真的覺得自己考不上。

我隨即幫她做了個測試，做完後，我問她：「你覺得怎麼樣？」

她說：「完了，考不上了。」

我拿出她的考卷，轉身出門對答案，回來後，我對她說：「你全做對了。」

她欣喜若狂，愁雲一掃而光，我看到了希望！

我點頭說：「從今天開始，當你想說我考不上時，就把話改成我看到了希望，好嗎？」

她瘋狂地點頭。

那一個月，她的正確率沒有提升，但口頭禪變了，積極的心理暗示，讓她的心理狀態好了很多。當然，考試成績也如我所料，順利通過。

後來她告訴我：「自從那次測試全都做對了，我覺得自己能力就變強了。」

我也告訴她：「那次你其實沒全對，正確率也就六十%，我騙你的。」

她特別好奇地問：「那怎麼回事？」

我說：「因為你的口頭禪變了，心理狀態好了，也就過了。」她才恍然大悟。

2

為什麼會這樣？積極的語言就能讓人心態積極嗎？其實不是。

實驗證明：當一個人沒有實力，或者能力不足時，越積極的心理暗示，反而越會造成意想不到的失落。

所以，讓自己變強的最好方式，是一邊進步，一邊積極暗示。讓自己心態變好的方式，不僅要不停地說，更要讓自己相信這一切是真的。

有次新書發表會，我在台上和宋方金老師對話，我開玩笑地說：「宋老師是中國最好的編劇。」

宋老師立刻打斷我，我以為他要謙虛謹慎地糾正我。結果他說：「千萬不要加『之一』。」當時台下笑聲一片。但事實上，他平時也是這樣，甚至這都成了他的口頭禪。

後來我自己觀察，發現許多業內的高手都是這樣，他們習慣為自己定位，說著說著就信了，然後潛移默化地朝著那條路走。走著走著，就真的成為那個曾經說過的人。

語言，真是偉大。

3

這樣的例子很多，可以再舉一個。曾經有個同事，每次上課的時候都和學生吹牛，說自己每天背三百個單字，其實他每天也就背一百多個，這個數量也不少了，但他一激動就吹成了三百個。後來他想，不能吹牛，不兌現豈不成了騙子嗎？

他開始加量背單字，從原來的一百個加到三百個。剛開始，他痛苦得要死，後來習慣了每天背三百個，最後去考GRE（美國研究生入學考試，詞彙量要求最多的考試），差點考了滿分。現在他的習慣就是特別喜歡吹牛，我們將信將疑，但說著說著，自己就信了。

前些日子，他說他要去南極，我們就起鬨：「你又開始吹牛了。」

誰知不久，他發了在南極的照片。我們只能默默地按讚祝福，還能怎麼樣？

所以，如果說口乃心之門戶，那麼，你的口頭禪就決定了你的意識和思維，這可能就決定了一生。

我曾聽過一個心理學的真實案例。

一個女生，結婚後因為被家暴而離婚，第二次結婚，還是被家暴，再次離婚。後來她找了一個性格溫和、甚至不喜歡講話的男人。在他們新婚後不久，這個女人哭著跑到了閨密家，臉上竟然又是一道紅紅的巴掌印。

同事、朋友們去她家找她丈夫對質，丈夫蹲在家裡，痛苦得無法自拔。他一直自責著：「我怎麼會是這樣的人？」

一小時後，他們都恢復了平靜，開始複盤，當故事呈現時，細節令人震驚。

兩人起爭執其實是為了一件很小的事情，大概是誰應該洗碗。

一開始丈夫沒理妻子，可是妻子不停地嘮叨，還不停地說著：「你是不是想打我？你打我啊！」

丈夫一開始很震驚，「我不想打你。」

可是妻子失去理智，竟然開始不停地強調：「你是不是要打我？」

後來，她加大分貝，說：「你要不打我，就不是個男人。」

聲音分貝之高，讓丈夫徹底失去理智，終於動了手。

5

寫到這裡，我內心開始顫抖：語言的魅力太強大了，竟然能無形之中塑造我們的大腦，改變我們的一生。

你可能從未在意過自己的口頭禪，但再次強調一遍，口乃心之門戶。你講的話，干擾了你的潛意識，你的潛意識決定了你的心態，你的心態塑造了性格，性格又改變了命運。

比如，祥林嫂的口頭禪是：「我真傻，真的。」

《三個傻瓜》裡，藍丘的口頭禪卻是：「都會好的。」

僅僅因為口頭禪的不同，在遇到重大事情時，他們的思維方式也發生了本質的區別：一個默默承受著外界的改變，一個想著如何透過自己改變。

當然，他們的命運也發生了巨大的變化。一個逆來順受，一個充滿熱情。

同一件事情的發生，有些人看到的是機會，有些人卻只是悲觀地搖頭。

有些人看到了大海，有些人說那裡淹死過人。

那麼，你想成為什麼樣的人，就從習慣講的話開始改變吧。

你怎麼過一天，就怎麼過一年

你今天什麼都沒做，明天什麼都沒做，到了年底怎麼可能有什麼變化！

1

每到年底，總能聽到無數的聲音在抱怨：「我怎麼又虛度了一年。」我想，你也厭倦了年年都是這樣的生活，都是這樣的抱怨了吧。這很正常，因為沒有虛度的人畢竟是少數，而這些人從來不抱怨，你也不可能聽到他們抱怨的聲音，他們都默默地把事情做了。所以，總有人問我，一年能不能讓一個人脫胎換骨，成為不一樣的人？

我的答案是一定的，因為我見過太多這樣的人。他們和我們一樣，但他們在一年裡完全改頭換面，而我們卻不為所動，一直抱怨著一年又過去了。

這是個糟糕的體驗：你看著那些人在變化，自己卻在原地踏步。

你看著那些人的年底是總結會，你的年底卻只是觀眾和聽眾，你總結完才發現今年和去年比，多了的只有年歲和愁容。

你看著他們一年就換了工作，搬進了市中心，學會了新技能，你卻只能搖搖頭說他們運氣好。這到底是為什麼？

2

你和別人的區別，在於有人按天過，你在按年活。

如果每天下班回家，你都在對自己暗示：「這一年快過去了，我不能還是這樣。」至少，你每一天都會去做點什麼來改變。一年是由三百多個日子組成的，三百多個日子每天都做一點點改變，別小看它，累積起來，三百多天的變化也是令人震驚的。

但大多數人，每天都過著沒有意識的生活，甚至每天都騰不出十分鐘可以在一個沒人的地方反省一下：「今天我這麼過有什麼意義？明天我是不是可以換一種生活模式？」

沒有，或者說一年中很少這樣做。大多數人永遠是被日子推著走，沒有停下來想想：「這一天我還能做些什麼改變？哪裡還做得不好？」

日子推著推著，就把人推到了年底。這時，大多數人才開始反省：「這一年怎麼就過了呢？我怎麼什麼都沒做呢？」

這些反省不是自主的，無非是到了年底，辭舊迎新的大環境下，大家都開始反省罷了。這種自責感只會持續一段時間，過完年，日子繼續，生活還是老樣子，沒意識有規律地繼續過著，然後熬到了下一年年底。只有在倒數計時的時候，才再次感嘆時間的流逝，自己的靜止。

所以，真正的高手永遠按天過，而不是按年過。永遠有意識地過著每一天，而不是到了年底，才恢復了意識。

3

有時候我總在想，你怎麼過一天，就怎麼過一年，也就怎麼過一輩子。

你可以什麼都不信，但不能不信因果。

你今天什麼都沒做，明天什麼都沒做，到了年底怎麼可能有什麼變化！

比如，你每天都在背單字，一年後考托福是不可能不通過的，因為你每一天都在鞏固自己學習到的內容。三百多天的堅持其實是一個累積的過程，哪怕一天背三十個單字，三百多天就是九千多個，你就算忘掉一半，也可以達到六級考五百分的水準。

可惜的是，我們忘記了，這世間許多美好都源於堅持。看書看三天就放下了，小說就記得開頭，堅持不到結尾。

健身一周後就開始大吃大喝，長的肉比瘦下來的還要多。

學習只有三分鐘熱度，買了課，買了琴，買了教材，買了就買了，沒有堅持，讓它生灰，圖個心理安慰。

這樣下來，一年真的會什麼都得不到。

我曾經寫過一篇文章〈如何在一年裡成為一個強者〉。那些強者和我們比起來，並不是因為基因好、天賦高，他們不過是聰明人用笨工夫，一步一步地堅持罷了。

他們無非是很慢地行走著，風雨兼程，無論什麼突發情況，每天都在堅持而已。他們甚至沒有故意為自己勵志，他們不過是堅持了十多天，然後養成習慣罷了。他們和我們其實是一樣的。

4

有人問有目標地堅持累不累。我想說，如果你有過堅持一件事情的經歷，就能回答：堅持做一件事情不累，累的是渾渾噩噩地生活。

我一個朋友每天早上六點起來念書，堅持了一年。

有次我問他：「你這一年都這麼早起來，累不累？」

他說：「不累，有目標感挺好，久而久之就習慣了，停下來還不舒服。」

對比起有目標地堅持一件事情，每天毫無目標地生活才疲倦不堪。

在年底抱怨這一年什麼也沒做的那些人，你真的以為他們不累嗎？他們更累，他們那種疲倦是從心裡來的，每天也在忙，不是別人讓他們幹什麼，就是公司讓他們必須這麼做。

一個人按照自己的意願生活，其實並不累，比如，下班為自己報名補習班，每天利用下班的時間學習反覆運算，別人都覺得你很累，你卻樂在其中。

久而久之，你就會比別人進步更大，那種喜悅是加倍的。到了年底，你擁有更多的是舒心和放心，而不是擔心。這世界的幸福就是這樣，給自己一點期待，堅持下去，珍惜每天的時間，按自己的意願生活，一年下來，你覺得誰會辜負你？

你怎麼過一天，就註定著你怎麼過一年，或許，也暗示著你怎麼過一生。

努力到讓世界為你改變

要去重新相信愛、溫暖、美好、感情這樣一些許多人不再相信的東西，你要明白，所謂的正能量，是在你見證世間苦難後，依舊相信美好的決心。

1

我認識宋方金老師之前，是不喝白酒的，後來又認識了一些知名演員，發現他們的桌子上總有一瓶白酒。

有一次，我們在三里屯吃飯。我遲到了，在我的桌子前擺著一大杯白酒，我想，既然來了就嘗嘗。於是，我站起來，瀟灑地說：「各位，雖然我從來不喝白酒，但我知道酒桌上的規矩，既然來晚了就應該自罰三杯！好，我乾了。」

就在我剛拿起酒杯時，宋老師挺身而出，他說：「尚龍，千萬別，喝一杯就行了！」

我當時十分感動，沒想到宋老師這麼關心我。

他接著說：「喝一杯就夠了，別喝多，酒太貴。」

我當時十分生氣，難道酒貴我就喝不起嗎？後來我一想，還真喝不起，但轉念一想，這又不是我帶來的酒。於是，我當著所有人的面連喝了三杯。

這一下，把宋老師嚇到了，整晚，他都不敢跟我喝。因為他喝一杯，我就以遲到為由連喝三杯，直到把自己喝倒。

第二天，我醒來後發現頭竟然不痛，這是我為數不多酒後頭不痛的早上。

我發了訊息給宋老師：「果然是好酒，頭竟然不痛。」

他對我說：「如果你這輩子喝很多酒，就一定要喝最好的，要不然一個作家、一個編劇，很容易把腦子喝壞；但你如果這輩子喝得很少，那為什麼不喝最好的呢？」

於是，我把宋老師的這套理論發揚光大，我發文：「以後我只喝茅台了。」

有趣的事情發生了：自從我對外宣布我只喝茅台後，省去了大量無用的社交。如果一個人請你喝茅台，一則是尊重你，不然就是有重要的合作，但至少每一次，都不是無聊的應酬和無用的社交，那些只想把你灌醉的人，在我的社交中消失了。

我身邊的很多人開始學習我的這套理念，這套理念越傳越廣，直到傳到了茅台酒廠。茅台酒廠訂製了一批茅台給我們，他們問我，想在這瓶酒上寫點什麼。於是，我在酒上寫了一句話：「耐住寂寞、守住繁華。」

酒到後，我拿出了幾瓶和朋友喝。一位作家朋友喝完兩杯，說：「尚龍，你發現了嗎？你連喝酒都喝得那麼努力。」

我說：「這怎麼說？」

他說：「你努力到世界都為你而改變了。」

2

其實我並不覺得自己有多努力，我只是明白，如果你不對生活有一些要求，不去拚命堅持一些事情，不去堅持一些美好，生活也不會善待你。

在我身邊有一些人，他們都在堅持一些小小的事情，之後忽然有一天，這些小小的事情改變了更多人，甚至改變了這個世界。

很多人認為改變世界很難，其實我們小時候，不都有一個改變世界的理想嗎？只是隨著我們長大，逐漸忘了當時宏偉壯麗的想法，只會安慰自己：人總要長大的。

但只有少數人，靠著自己的堅持，靠著自己的執著，改變了世界，哪怕是一點點，哪怕是自己的世界。你可能會覺得這很雞湯，真的嗎？

我再分享一個故事：

二〇〇六年，美國有一個叫凱薩琳的小女孩在電視上看到了一條令自己震驚的消息：非洲每三十秒，就有一個孩子死去。

凱薩琳坐在沙發上，動彈不得，然後她看著錶開始計算，三十秒後，她忽然哭了起來。

媽媽問她怎麼了。她說：剛才非洲死了一個孩子。

於是，媽媽陪她在網上搜索非洲兒童死亡率高的原因：非洲的孩子買不起蚊帳，而令非洲孩子死亡的瘧疾主要透過蚊子傳播。

這件事對凱薩琳影響很大，第二天，她告訴媽媽，自己不吃點心了，要把買點心的錢捐給非洲的孩子買蚊帳。

媽媽笑了笑，跟她說：「點心還是要吃的，媽媽帶你一起去買蚊帳。」

當天，媽媽帶她買了蚊帳，在網上，她們看到了一個NothingButNets（只要蚊帳）的基金會，媽媽帶著她把蚊帳寄了過去。

幾天後，凱薩琳收到了一封感謝信，說她是年紀最小的捐贈者，因為她那時只有六歲。信裡還說，只要捐十頂，就可以有一張獎狀。

於是，她把自己的舊玩具、衣服、書本全部賣掉換成蚊帳，還和弟弟一起畫了十張獎狀，只要買她的東西或者捐助蚊帳，她就會送獎狀給他們。就這樣，她持續了兩年。有一天，只要蚊帳基金會透過電話告知她，說她的十頂蚊帳送到了一個有五百五十戶人家的村子。

凱薩琳一想，村子裡有五百五十戶人家，而自己只捐助了十頂，這怎麼夠呢？

於是，她想了很多辦法。比如，舉辦舞台劇、演講，一次又一次地強調，那個村莊需要五百五十頂蚊帳。

接著，她做了一件非常可愛的事情，寫信給比爾・蓋茲：

親愛的比爾・蓋茲先生，如果沒有蚊帳，非洲的孩子會因為瘧疾而死。

他們需要錢，可是聽說錢都在你那裡……

比爾·蓋茲很感動，捐獻了三百萬美元，凱薩琳還畫了一張獎狀送給了比爾·蓋茲。因為凱薩琳，在非洲超過一百萬個孩子被救助了，那個村莊現在改名叫凱薩琳蚊帳村。後來，很多記者去非洲採訪，非洲的許多孩子對著鏡頭說：「這是凱薩琳蚊帳！」

那種美好，令人感動。

3

我們在很小的時候夢想過自己成為超人，披著斗篷，改變世界。長大後，我們逐漸發現，超人是存在的。只是超人不會穿緊身褲；超人就在身邊，那些真正願意保持那絲純潔並能堅持到底的人，少之又少。

這些年，我一直很喜歡《小王子》。迷茫的時候，我都會找一個安靜的地方，重新讀一遍。這是一個寫給成年人的童話故事。是啊，我們不再相信那些美好的事物了，也不再相信那些溫暖的東西了，可是，這世界的確還有人在相信，還有人願意為這個世界做一些什麼。

我想起了一個關於非洲的故事。一九八八年，西蒙·貝里在非洲工作時發現了一個問題：非洲的醫療條件太差，藥物短缺，許多非洲的孩子竟因為拉肚子脫水而失去生命。

為什麼藥物短缺？因為非洲許多偏遠山區道路崎嶇，藥送不過去。然而，再遠的地方，可口可樂都可以運送過去。

於是，他把這個想法放在心裡，並想盡一切可能和可口可樂公司聯繫。他在臉書、部落格、推特上公開了他的構想，後來，ＢＢＣ邀請他上節目。透過他的努力，他終於敲開了可口可樂的大門。

貝里和太太想了很多辦法，最後他們想到把藥物裝在瓶子間的縫隙裡。於是，每一箱可口可樂中不僅有飲料，還有那些必備的藥物。

二〇一二年，這個專案開始了，直到今天，平均每天就有一百多個偏遠的非洲山區家庭得到幫助。而這背後不過是因為一個叫西蒙·貝里的瘋子一般的人。

我時常在讀到這樣的故事時被感動得熱淚盈眶，因為這是一個陌生人用盡全力、不為名利改變世界的結果，因為他們堅持，因為他們執著，於是，吸引了更多的人加入。

但當你把這個故事說給一些人聽時，他們會說，中間一定有利益吧？假的吧？一定賺了不少吧？

所以，人最可怕的不是遇到黑暗，而是在見過黑暗後，不再相信光明。

我曾經寫過一段話：

你要去重新相信愛、溫暖、美好、感情這樣一些許多人不再相信的東西，你要明白，所謂的正能量，是在你見證世間苦難後，依舊相信美好的決心。

這不代表我們要否認這個世界的黑暗，但我們要思考，我們是不是因為一點黑暗，就要徹底放棄光明呢？

相反，我們更應該用光打亮更多的陰暗，讓更多人明白，其實世界是可以透過我們的努力改變的。

我記得在我剛開始關注校園暴力時，無數人跟我發私信：「龍哥，別轉發這些影片了，又沒用。你沒事能不能轉發點正能量啊！」

說實話我挺痛心的，但我還是不管這些冷言冷語，一次又一次地轉發，讓更多人關注。

就在二〇一八年，國務院教育督導委員會辦公室印發「關於開展中小學生霸凌防治落實年行動的通知」。我認真地看完了這一系列的新聞，感嘆終於開始了。這條通知包含：要求教育部門協調組織相關部門，建立健全防治學生霸凌工作機制，各個部門聯合制止校園暴力。學校要成立霸凌治理委員會，加強懲罰力度。以及在校長、教育行政幹部、教師培訓和考評中，增加校園霸凌防治內容，細化問責處理等等。

這些內容要在二〇一八年九月底前完成。

後來，一個孩子發訊息給我，告訴我他們學校已經成立了學生霸凌防治辦公室，還問我，我上學的時候有嗎？

我把這條消息給我身邊的朋友看，他笑了笑說：「我們上學的時候，也沒有一個叫李尚龍這樣愛管閒事的傢伙啊！」

是啊，不正是那些愛管閒事的人，照亮了這個世界嗎？

不正是那些偏執狂，改變了這個世界嗎？

也不正是那些堅持，讓世界為他們改變了嗎？

願我們勿忘初心，都是這樣的人。

跑到終點再哭

養成習慣需要時間，在養成習慣前，一旦意識到自己此時此刻很痛苦，甚至號啕大哭，之前的堅持可能就白費了。

1

每到年初，我都會很疲倦，一邊跑辦簽書會，一邊上網課，還有大量的稿子要寫，雖然努力分配時間，但依舊很疲憊。一回到賓館，我就打聽最近的健身房在哪兒，喝一杯濃濃的黑咖啡，穿上運動褲去跑步。

我把這種方式叫反脆弱，你越疲憊，越應該用一些激烈的方式去讓自己重新恢復狀態。

今天，剛剛結束一門課：重塑思維的十五講。下課後，我嘆了一口氣，合上電腦，忽然眼睛就紅了。

這門課講了十五天，說實話，對我實在太痛苦了。雖然每一次課程只有短短半小時，但要查將近一小時的資料，還要對著電腦講一遍才能錄，因為每節課都是新的內容，對老師的要求很高。於是過去的一個月裡，我每天早上醒來，第一件事就是編教材、改教材，有些還要寫逐字稿，這門課耗得我很疲憊。

起初營運總監讓我開這門課時，我不太願意，一是怕講得不好，二是知道這課背後的要求太高。但既然答應了，就只能痛並快樂著吧。

這十五天，雖然很累，卻越講越開心。每天看到許多同學給我留言，我也在進步。這次出行，我已經去了三十多個城市，每次我都在機場備課，在火車上查資料，剛到賓館就試頻寬。我逐漸愛上了這種超快的節奏和吃了興奮劑一般的生活。熱血是會上癮的。

我出門很少帶行李箱。這次，行李箱裡除了幾件衣服，都是書。這些書，大多數我都看過，之所以帶著，只是為了查資料、做教材。好在這門課終於結束了，我也能放鬆。

早上我在高鐵上編教材的時候，我的製片人老于揉了揉眼睛，看了我一眼說：「龍哥，你一天到晚這樣高強度工作，累不累？」

我說：「累。」

他認真地問我：「你累的時候，會想哭嗎？」

我當時忙著做教材，沒想那麼多，頭也沒抬，只說：「哭屁！」

直到下午把課上完，才忽然趴在桌子上，紅了眼圈。恰巧，貴陽的夜晚，下起了雨。

2

這次的備課強度，讓我想到了五年前剛入行的時候。

這已經不是我第一次這樣做了，我逐漸發現自己的神經是麻木的，在痛苦和挑戰前來時，我從來不會怯懦，就算對手再強，我也會盯緊目標，不許自憐。但等到了終點，往往人就脆弱了。記得我剛開始當老師的時候，一天十小時的課，每天除了上課就是備課，回到家改教材；第二天又是四個班十小時，滿滿的課，一個寒假我被折磨得死去活來。

等所有的課全部結束，我看到上過的課表和走過的校區，眼睛就紅了，心想：我竟然跑了這麼多校區，上了這麼多課，我怎麼熬過來的？

那一刻，所有的困難開始歷歷在目，在終點回頭看時，才會有種暖流激盪起來。

3

我比較喜歡完成了任務後再稍微軟弱一下，總覺得那種軟弱能讓我好好面對接下來的挑戰。但其實並不是每個人都這樣，許多人是在壓力當中崩潰。比如有同學在準備考研究所時，不是考完後發洩，而是在考前兩個月就崩潰號啕大哭。仔細想想，這樣划不來。因為你哭完之後呢？還有兩個月呢！任務還是要繼續啊！一哭完，士氣都沒了，還怎麼考呢？

與其這樣，還不如不要分心，一心一意地堅持，把痛苦變成一種習慣，有些苦持續一段時間就麻木了。

日本作家古川武士在《堅持，一種可以養成的習慣》中寫道：「一旦大腦認定某種行為跟往常一樣，就會拚命地維持這種行為。而習慣，就是把重複的行動化為無意識的行動。」

養成習慣需要時間，在養成習慣前，一旦意識到自己此時此刻很痛苦，甚至號啕大哭，之前的堅持可能就白費了。

4

記得劉震雲老師講過一個故事。村子裡，他的外祖母割麥子的速度總是比別人快，當她割完麥子時，一些大漢才剛剛割了一半。

後來，劉震雲問外祖母，為什麼她總是最快的，是有什麼祕訣嗎？

外祖母說：「因為我從來不直腰。因為一個人直了一次腰，就會有第二次，也會有第三次，接著，就會一直直下去了。」

我想起有一次陪一位朋友跑馬拉松，印象很深刻，在馬拉松的終點有好多淚流滿面的人，他們感嘆自己終於堅持下來了。

那一刻，所有人都為他們開心。

可是，我在路上也看到一些跑跑停停的人，有些人還邊跑邊自拍、邊跑邊流淚，這當中有很多人都沒堅持下來。因為哭也是耗力的啊！

有時候，一個人堅持了一半就號啕大哭是不明智的，那樣自憐的感覺，甚至有些作秀的意味，要知道，所有的堅持僅僅是為了到達目的地，只有到達目的地後的流淚，才有意義。

所以，理想的方法是跑到終點再哭，接下來，你怎麼哭都好，怎麼流淚都沒問題，因為那些淚水都是給你的獎勵。

把事情做到極致，錢不過是身外之物

「內容做好，做到極致，做到不可替代，哪怕一開始不賺錢。至少，這條路會走得很踏實，而且會帶我們走得很遠。」

1

我和主持人程一在鄭州見面。

那場活動人山人海，他剛瘦下十公斤，戴著面具和粉絲見面，粉絲很熱情，還有個女生想摸他。

我感嘆著，這麼多年了，他還是那麼受人喜歡。想起剛認識他時，他是個陪無數人入眠的電台主播，這麼多年過去了，雖然他依然是電台主播，但不一樣的是，那天，是一個特別的日子。

兩小時後，我們大汗淋漓地到了後台，他摘掉面具，開心地說：「龍哥，今天很特別，我覺得發表會很成功。」

我說：「今天確實是個特別的日子。」

因為就在這一天，程一電台進行了第一輪融資，紅杉資本領投，他的電台估值一．五億，終於，他的公司不缺錢了。他告訴我，他要搬到一個大辦公室，招募更多員工，他要把陪伴這件事做得更好。

很多人不知道這件事情對他有多麼重要，曾經，我們在北京有一群小伙伴，都是各個行業中的佼佼者，靠著自己的技能有了一席之地，這些人中有作家，有導演，有名人。

幾年前，我們聚在一起，我和程一應該是最窮的，考蟲還沒有融資，程一電台也沒有和資本打交道。就在前幾年，我多次跟這群伙伴說，千萬不要著急變現，因為我們這群人是專才，要把事情做好。要明白，只要把事情做得足夠好、足夠極致，錢不過是身外之物，會滾滾而來。

但大家都不相信，一年內，開公司的開公司，做知識付費的做知識付費，賣廣告的賣廣告。那一年，我覺得所有人都在賺錢，有些朋友甚至被資本綁架了：有些開始了微信公眾號的日更，只是為了多接一些廣告，多賺些錢；有些開始每天幫別人開課，把課程的單價提得很高；有些開了自己的公司，開發了許多賺錢但口碑不好的產品。

只有我們倆在用心地做內容，他一心一意把陪伴做到極致，我一心一意把課教到最好，書寫到最好。

一年後，有些朋友的人設崩塌了，有些開課再也賺不到錢，有些把公司開垮了……而我和程一的公司越辦越好，也都分別融了資。我的稿費越來越高，考蟲也從幾個人的小團隊變成了幾百個人的大團隊，三輪融資後，我們已經做好了上市的準備。

後來，我們再次聚會時，大家都在抱怨著現在不好賺錢，困惑著接下來要做什麼，只有我們倆沒說話，因為我們很清楚，接下來依舊要不忘初心，把內容做好，做到極致，做到不可替代，哪怕一開始不賺錢。至少，這條路會走得很踏實，而且會帶我們走得很遠。

在我回北京後，程一給我打電話，說：「龍哥，直到今天，我還是很感謝你當初告訴我的那句話：『把事情做好，朝著目標看，錢不過是身外之物，而且會滾滾而來。』」

說完，他狠狠地笑了笑。

我在辦簽書會的時候，總有學生問我：「龍哥，我快去上班了，你有什麼建議呢？」

我說：「我給任何剛畢業的大學生的建議都只有四個字：勿忘初心。」

因為這世界上有多少人開始工作後就盯著錢看呢？

可是，你會發現一個很有趣的現象：那些總是盯著錢看的人，往往賺不到錢，相反，你把目光移開，盯著目標，把事情做好，資本自然會找過來。你需要做的，無非是挑選相對善良的資本，找到適合自己好好發展的資本，讓自己把這件事做得更好。

但多少人走著走著就忘記了自己為什麼出發，一頭埋進了賺錢的道路無法自拔。有趣的是，這條路越走越迷茫，有可能自己在某一年忽然賺了很多錢，但很快就走到了頭，後面的路該如何走，迷霧重重。而人這輩子，還有很長的路要走，還有好多的日子需要工作。

許多剛畢業的學生問我，工作後需要做什麼。我的建議是兩條：

第一，利用好下班時間，下班的生活決定了你的一生。

第二，永遠不要忘了自己為什麼出發，不要忘了自己靠什麼立足。

賺錢很重要，但一定是自我實現後的附加品，人一旦為了賺錢而工作，工作就會特別無聊，也走不遠。錢應該是為人服務的，不應該是人的終極目標，人應該找到工作的意義，同時，要讓錢為自己服務。

德國作家柏竇．薛佛在《35歲開始，不再為錢工作：歐洲富爸爸教你賺錢之道》中說：「不要當一台賺錢的機器，要擁有一台自動為你賺錢的機器。」

書裡還說：「你所飼養的金鵝越多，它們下的金蛋越多。」對於剛畢業的大學生和創業者來說，好的產品和無可替代的技能，就是為你賺錢的那台機器和那隻金鵝。

還是那句話：「利用好這些技能，把事情做好，把工作做到極致，錢自然就會來。」

3

柏竇．薛佛還有一本書是《小狗錢錢》，這本書是寫給孩子的理財書。書裡說：「把精力集中在能做的事情上，這個決定讓一個孩子完全有能力比成人賺到更多的錢，因為成人經常把一生的時間都用來考慮他們不能做的、沒有的或不知道的事情。」如果你觀察身邊的人，這種人比比皆是。

這個時代一旦出現了什麼新的名詞或者新的商業模式，就有無數的人衝過去，然後更多的人摔了個四腳朝天。

比如我的一位作家朋友，一看到微博火了就入駐微博，微信火了就入駐微信，後來他就光入駐了，忘記了自己立足的本質是寫出好文字。好的文字，無論放在哪個平台，都不會差。人在這個時代的注意力越來越喪失，導致每次我們看到一個新現象和新事物，就會投入大量的精力從零開始。

有些年，ＩＰ概念興起時，許多人問我為什麼不去做一個什麼知識ＩＰ，我說，我都不知道這是什麼意思。

有一次，我和幾個編劇參加了中日編劇論壇，一位日本編劇問我們：什麼是ＩＰ？

我們一齊問：「不是你們那裡傳來的嗎？」

日本編劇說：「我們也不知道。」

後來我們發現，每個人對ＩＰ的理解都不一樣。

我逐漸明白，我們有時候特別喜歡造詞，造了詞之後，就重新洗牌，其實無論世界怎麼變，你抓住本質就沒問題。

比如電影重要的是故事，故事講不好，什麼大ＩＰ都沒用；比如謀生靠的是技能，沒有技能再怎麼包裝都沒用；比如賺錢靠的是專長，沒有專長，花多少精力去炒作也沒用。

但多少人都不明白這個道理，注意力被帶著到處走，到頭來，把自己的路越走越艱難，還不知道為什麼走到了這一步。

4

有一年，宋方金一直在攻擊大ＩＰ這個概念，他說：「如果不回到故事本身，再大的ＩＰ也會死得很慘。」

果然，由日本的一系列ＩＰ改編的電影都失敗了，《深夜食堂》《解憂雜貨店》無論是口碑還是票房都很糟糕。

有一次我問宋老師為什麼要這麼反對大ＩＰ，他說他其實不反對大ＩＰ，他反對的是為什麼大家都忘記了電影的核心是故事。

果然，無論是《戰狼二》還是《紅海行動》都不是大ＩＰ，但卻是好故事，最後口碑和票房都有著不錯的成績。這句話點醒了我，我也忽然明白了，我們總容易本末倒置，關心了一些不重要的東西，忘記了事情最核心的本質。

我們那群伙伴都是一些技術型人才，大家本來在自己領域可以做到出類拔萃，但卻在另外的道路上漸行漸遠，最後忘記了自己賺錢能力的核心，在不歸路上越走越遠。

作家不寫書，總在做知識付費；導演開了個公司，做起了管理；演員不演戲，賣起了衣服……偏離本質，當然只會越走越累。

其實，抓住事情的本質是一件多麼重要的事情，但多少人把注意力偏離了自己應該擁有的主線，一開始還會因為新奇，興奮一段時間，但走著走著，就忘記了自己為什麼出發，然後迷茫地待在路口，手足無措。

5

這就可以解答另一個問題：如果我不喜歡現在這份工作、這個專業，我應不應該換工作去做另一份差事？

答案是別著急。

別著急放棄自己在社會上立足的本質，理性的方法是騎驢找馬。

先別放棄自己這番事業，能謀生的同時，利用下班的時間磨練自己的一技之長。接下來，等這一技之長比之前的技能還要厲害的時候，就可以考慮換職業了。

因為你立足的本質發生了變化。

我剛開始寫作的時候，是不能靠這個為生的，我一邊上課一邊寫作，直到連續出了幾本暢銷書，能夠謀生了，上的英語課也就可以少一些了。

但其實，如果你聽過我的課，會發現，我直到今天都沒有放棄教課，每節課的品質還是很高，原因很簡單，我沒有忘記我立足的本質。

我從來沒擔心過賺錢，因為當你把事情做得足夠好，資本不過是身外之物，你不會擔心，更不用擔心。我想，這就是不管這個世界再怎麼變，手藝人永遠有一口飯吃的原因吧。

所以，如果你還在大學讀書，請一定要記住：大學四年，磨練出一技之長是十分必要的。如果你已經開始工作，無論如何，都請不要忘記自己立足的本質，把事情做到極致，錢不過是身外之物。

學習的假象

那些喜歡思考的人，往往學習更好。那些喜歡發問的人，往往學得更快。那些喜歡表達的人，往往學得更深。

1

在網上，你訂閱了十多個專欄。但凡誰來講課，你都買來聽聽。你還買了幾十本書，每本都是乾貨滿滿，據說可以令你有所提升。你還預約了好多講座。下載了一堆公開課。你註冊了許多學習網站，有時間就聽直播，沒時間你告訴自己也要聽錄播。你還下載了好多 App，決心把英語搞定……為學習花費這麼多，為什麼還是那麼焦慮，生活還是沒有任何改變，還是覺得自己什麼都不知道？

以上是許多人在學習中常常遇到的問題，原因很簡單，他們混淆了一個概念：消費等於學習。

這個時代，有太多人充滿著知識焦慮，他們選擇了用自己的收入去購買一部分知識，從而改變命運。

但千萬別忘了，消費只是第一步，消費不代表學習，學習就是學習，消費是門檻，學習才是核心。

就好像我在當老師時，一位學生和我的奇葩對話：

學生：「老師，為什麼報了你們的課，我還是沒有考過四六級？」

我問：「對啊，你覺得為什麼呢？」

學生：「可能是因為我沒聽吧。」

2

你知道世界上第二高的峰是什麼。

你知道什麼劇又火了。

你知道相對論是怎麼回事。

你知道誰又出軌了，誰又結婚了。

你知道東知道西，可是，知道這麼多怎麼沒用呢？

這是學習的第二個假象：認為知道等於知識。

其實不是，知道就是知道，只要不能變成實用的，變成知識晶體的，都不能算作知識。知道了一堆，有些只是話題，有些連話題都稱不上。

我第一次去波士頓時，我姐姐在波士頓已經兩年了，她帶我逛城市的著名建築，在介紹那些景點時，她口若懸河，我卻後背冒著冷汗：這些東西，我在書裡都讀過，為什麼見到後卻全然不知呢？

後來我明白，我只是知道這些知識，從未想過何處會用到它們，從來沒想到這些在腦子裡只是知識碎片，而不是知識晶體。

那些知道的東西，都像碎片一樣占據在腦子裡，只有結成晶體的，才是有用的。知識晶體這個詞，最先來自斯坦諾維奇的《超越智商》，裡面講，我們要學會把知識進行遷移、聯繫、總結、輸出，當你發現這些訊息成了塊，也就完成了從資訊到知識的轉變。

3

再來分享第三個假象。

在我們考蟲平台上，曾經進行過一個統計，聽直播的同學比聽錄播的同學，四六級考試通過率足足高了五十%。難道直播和錄播講的內容不一樣？難道直播會多一些和老師互動的機會嗎？都不是。

再舉個例子，我們身邊總有一些人，十分好學，他看到別人學吉他，自己立刻去學吉他；看見別人報了課程，自己立刻也報了一個；看到別人訂了個專欄，自己也馬上跟上。

可是，他們學習的效果總是不好，為什麼？原因很簡單，他們是因為恐慌而學習，並不是因為需要而學習。

這就是學習的第三大假象：主動學習比被動學習要重要得多。

看直播和看錄播的同學最大的區別，在於他們是主動學習還是被動學習，直播時，你決定不了開課時間，只能提前準備，端坐在電腦前準時上課。

這樣積極的狀態下效果往往好很多，只要你告訴自己可以聽錄播，就會永遠地拖延下去，直到考前。

主動學習的優勢，在於有明確的目標。

比如我表達能力提高最快的時候就是當老師的那段日子，因為每天都要講課，所以逼著我不停地讀書，逼著我不停地表達，也逼著我不停地學習，用輸出倒逼輸入。我無路可退，重要的是，這種學習是主動的，而不是被動的。

所以，那些喜歡思考的人，往往學得更好。那些喜歡發問的人，往往學得更快。那些喜歡表達的人，往往學得更深。因為，這些都是主動學習。

4

學習的最後一個盲點，是關於堅持。

我寫過一篇文章——〈如何在一年裡成為一個強者〉。其實裡面的核心就是兩個字：「堅持」。

所有的學習，都是堅持。

我從初中時開始學英語，直到今天，已經十多年。在讀軍校時每天都拿半小時堅持早讀，堅持對著空教室練習演講，三年下來，我拿了北京市英語演講比賽的季軍。後來我問了許多行業中的高手，他們都是一群聰明人用笨工夫，拚命過著每一天，堅持寫作，堅持健身，堅持唱歌。

剛開始，他們靠著毅力堅持，後來就習慣了堅持，也就沒那麼費力了。起初覺得有進步，後來就變成了能力和技能，如影隨形地伴隨左右，成為身體的一部分。堅持，是所有美好的來源，它很慢，但無比真實。

願你學習愉快。

這個時代，
要嘛你選擇成為一個偏執狂，
用生命去努力，
要嘛就壓根別努力。

PART 2

總在進步的人，從來不會老

我也逐漸明白了人為什麼要奮鬥，
我們之所以在年輕時那麼努力奮鬥，
僅僅是為了以後，可以做體面的事，
認識體面的人，體面地過每一天。

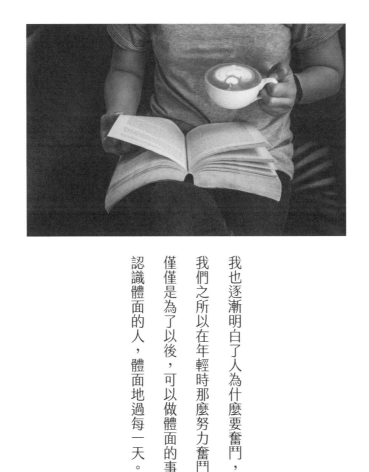

提高你的心理界線

我們喜歡說我們誰跟誰，但實際上，你就是你，我就是我，人和人之間，因為有了邊界，才有了你和我。

1

台灣作家林奕含在寫下《房思琪的初戀樂園》後，就離開了人世。得到消息後，我連夜看完了她的採訪：一個花季少女，飽讀詩書，卻選擇了這麼一條不歸路。

那天夜裡，我坐在電腦旁看完了整本書，忽然從腦子裡蹦出了一句話：這世界有一個奇怪的現象，總是等到作者離開世界，人們才去讀他的作品。這社會還有一個奇怪的規律，總是等到人以命相逼，才意識到事情不小。

可惜的是，林奕含再也聽不到那些支持她的聲音了。這本書寫得很用力，可以看出，她在用生命書寫和回憶。看完後，我的頭皮發麻，是什麼扭曲的力量，讓她把性侵寫得像愛情一樣。

於是，我在網上搜索了不少新聞，忽然明白，性侵這件事情和校園暴力一樣，一直發生在我們身邊。只不過有些是當事人不願聲張，不願發聲，就當作這些事情不曾發生，傷害他們的人也就一直逍遙法外。

這篇文章，我不想強調立法和嚴懲的重要性，因為它們當然很重要，我想理性地分析一下心理界線的重要性。因為從小學到大學，我們沒有一門課程在教孩子，什麼叫心理界線。所以，在這個社會，你總會發現一些人，不尊重別人的邊界，也沒有自己的邊界。

我們喜歡說我們誰跟誰，但實際上，你就是你，我就是我，人和人之間，因為有了邊界，才有了你和我。

你是否有過或者遇到過這樣的情況：

- 時常遷就別人的想法。
- 總是被人要求做這個做那個。

• 特別在意別人的想法。
• 無論什麼時候，都不好意思說不。
• 無論別人怎麼對你，就是想無休止地對別人好。

如果你頻繁中招，想必在你心中沒有心理界線的概念。

2

所謂心理界線，在心理學中也被稱為個人邊界，是指個人所創造的邊界，透過這個邊界，我們可以知道什麼是合理的、安全的和被允許的行為，以及當別人越界後，自己應該如何回應。

心理學把心理界線分為三個年齡階段：

第一個階段是零到五個月，人覺得自己和媽媽是一體的，心理學稱為母嬰共同體。

第二個階段是五到十個月，人會發現除了媽媽，還有另一個世界和別人，於是，人們開始學會拒絕，比如孩子會表達我不要。

第三個階段，就是建立自己的邊界，於是，人有了我的概念。

可惜的是，許多人直到今天都還沒有我的邊界。

曾經有個學生問了我一個問題：「龍哥，我媽不讓我和現在的男朋友在一起怎麼辦？」

我在深入調查後，驚奇地發現，這個所謂的孩子，竟然已經二十七歲了。

我不禁開始發問，一個二十七歲的成年人，為什麼還不知道自己想要什麼？或者說，還不能自主地做決定呢？

在和她的交談中，我發現字裡行間透著一些資訊：她十分聽話，而且，明明知道媽媽錯了，還是會無條件地聽媽媽的話。從小，媽媽就看她的日記、信件、訊息，有時候甚至幫她刪訊息、刪好友，久而久之，媽媽什麼都過問、什麼都建議，到最後，什麼事情都要替她做主。

我忽然明白，這個二十七歲的成年人，竟然還生活在第一個心理階段，她和母親完全沒有任何心理界線，兩個人緊密地聯繫在一起。

震驚之餘，我仔細想了想，現在有多少年輕人是這樣的狀態？

那些離不開母親的人，那些媽寶男，一邊怪罪媽媽太嚴厲，一邊無法為自己負責。

我想起六歲那年，母親看我的日記，我在一旁竟然脫口而出：「不准看，那是我的隱私。」

我媽嚇了一跳，因為她不知道我從哪兒學的。

我也嚇了一跳，因為我也不記得我從哪兒學的。

就這樣，我在那麼小的時候就設置了心理界線。試想，當媽媽看你的日記你沒有反應，接下來是看你的手機，然後是刪你的訊息，再進一步是干涉你的未來。

同理，當一個老師碰你頭髮，你沒有反應，下一步當然可能碰你手臂，碰你腿，碰你其他地方。

我沒有為什麼人辯護，我要說的是，我們從小就該有一種邊界意識，這種邊界感要從小建立，一旦接觸，就應該堅決說不，這是保護自己的最好方法。

那有人問，如果因為這樣，得罪了一些朋友該怎麼辦？

要記住，一個不尊重你邊界的人，也就是欠缺尊重的人，在一次次溝通無效後，這樣的朋友，離開就離開吧。

3

小時候讀到殉情的故事，總會感嘆愛情的偉大，可是，隨著長大，越來越明白，難道別人不愛你，就一定要死嗎？那些為了誰去死的人，準確來說，就是缺乏明確的邊界意識。兩個人應該有彼此的界線，就算是相愛，也應該有彼此的空間和屬於自己的隱私。幾年前，我在酒吧認識一個女孩，女孩的手腕上有一道用刀割的印記。

她二十歲時，談了戀愛，看到男朋友有了新歡，就立刻提出要和他結婚，後來發現老公出軌，又急著和他生孩子。她生孩子的時候，才二十二歲。結果，老公不僅沒有收斂，還動不動就家庭暴力。在一次次絕望後，她選擇了最愚蠢的方式——割腕，好在被搶救了過來。

看似讓人震驚的愛情故事，她在跟我講時，自己淚流滿面，不停地說著自己不容易，愛情沒有歸宿的話。

一開始我很震撼，回家後我忽然意識到，這個女孩什麼都好，就是沒有我。叔本華說：「我愛你的前提一定是有一個我」。她沒有自己，也沒有和那個男人之間的邊界，男人有新歡的時候她沒說不，男人出軌了還沒說不，男人家庭暴力了還不說不，誰會喜歡一個沒有邊界、不懂得尊重自己的女孩呢？

後來我辦簽書會，那是兩年之後的事，才知道她離婚了，自己一個人帶孩子，這個男人偶爾也會來看孩子，但她覺得這樣的距離舒服多了。

她的生活，開始恢復了平靜。她用了兩年，才找到了自己和他的邊界，也找到了自己的邊界。要重新樹立自己的邊界本身就需要一個漫長的過程，需要足夠的決心，並且從小事做起。

而**成長，實際上就是從擁有自己的邊界開始**。

4

世界上許多人際關係都是從邊界模糊開始變糟糕的，當然，許多人也是從邊界模糊變好的。

講了這麼多邊界的重要性，還是要補充一點，心理學有一個名詞，叫「邊界僵化」，意思是無論是誰，永遠按照自己設計好的邊界相處。

倘若你真的喜歡一個男生，真的想要和一個朋友升級關係，想要和鬧翻的親人破冰，適當地突破邊界其實也未嘗不可。許多感情的升級，就是從突破邊界開始的。

比如輕輕觸碰喜歡人的手臂，比如悄悄說句話，比如不經意的一個暗示，感情就升級了。

當然，邊界就是這樣，你要學會保護自己，同時不要冷冰冰地生活；你要學會注意安全，同時學會敞開心扉；你要防範壞人，同時要把新朋友的初始設定成好人。

當然，你會說這很難。是，生活本來就不容易。

別把自目當成直爽

我們之所以在年輕時那麼努力奮鬥，僅僅是為了以後，可以做體面的事，認識體面的人，體面地過每一天。

1

世界大了，什麼人都有。

這些天的晚上，我都在北京的每個角落裡跟不同的人吃飯、喝酒，飯局裡滿滿的都是故事。

講個故事，與你分享。

一天，我請了十幾位好朋友去一家公司吃飯，公司的老闆也是我的朋友，但那之後，我再也不去了。

這十幾位，不是教育界的要角，就是作者圈的大咖，都是很有聲望的朋友。我們到了他的公司，期待看到一桌菜，可是，他叫了個外賣，點了五個菜。

沒錯，十幾個人，吃五個菜。五個菜，十幾個人吃。

我問他就這麼幾個菜啊？他說，這不還有烤串嘛……

那張桌子很長，五個菜顯得很孤單，左邊放了菜，右邊就什麼也沒有了。

大家第一次見面，有些甚至不太熟悉，也很難站起來吃，最要命的是很多人吃不了辣，而桌子上所剩無幾的幾個菜裡，全部有辣椒。

空空的桌子，空空的話語，只有幾瓶酒，誰也不願乾喝，氣氛顯得十分尷尬，接著，這位朋友竟然還問大家：「為什麼不吃呢？」

大家體面地說：「不餓。」

的確，大家還能說什麼，只希望時間快點兒過去，結束這個不該有的飯局。每個人的面前，甚至沒有一個像樣的碗，拿一次性的飯盒蓋子，勉強地墊一下，夾了的菜，不是掉到桌上，不然就是強行越過許多菜放進嘴裡。

怎麼樣吃都尷尬，於是，大家選擇了不吃。人就是在這樣的選擇下逐漸變得不體面。我看出了大家的尷尬，畢竟人是我邀請的，於是我拿起手機，點了一些菜，還請快遞小哥送來了碗。那頓飯才像個樣。

那是我第一次吃飯吃到一半，戛然而止，轉身離開的。當天晚上，我也在日記本上寫下一句話：「新的一年，希望不要再如此不體面，這是最後一次，引以為戒。」

我不喜歡，甚至痛恨那些不體面的場合，反感哪些不得體的人，但總有人跟我說，「我這是直爽啊，沒注意那些細節。」

是的，你可以說你直爽，但你不能把你的不體面當成直爽，你不能光把自己爽了當成直爽，真正的直爽，一定在體面之上，一定會考慮到別人。

2

第二天，我在家裡擺了家宴，請了我的幾位好朋友，我怕不夠吃，還點了隻烤全羊。這家烤全羊服務十分周到，不僅送到家，還把爐子和炭送來，幫你切好，但美中不足的是，服務生只會等你到九點，然後就收走爐子。

也就是說，我們只能吃到九點，要不然九點前吃完一隻羊，要不然就浪費掉。

我們又陷入了一種尷尬的選擇中，這樣的選擇十分不得體。服務生就這麼站在我們身邊，準確地說，站在我家裡，看著我們吃，聽著我們聊，十分尷尬。

兩分鐘後，宋方金有些坐不住了，他對服務生說：「小哥，你為什麼不走呢？」

服務生說：「我要等您把羊肉吃完，把爐子拿回去啊。」

宋方金說：「我們怎麼可能九點前吃完呢？九點後也吃不完啊，不知道要吃到幾點呢。」

服務生說：「那怎麼辦？把爐子拿走，您這邊可以自己熱嗎？」

宋方金說：「這樣，我把爐子買下來，你告訴我們價格就好，另外，你先回去吧，這樣你也不用等了，我們也能安心吃，你看如何？」

服務生笑了笑，說：「您要爐子幹嘛啊，大不了我再等您吃完？」

宋方金說：「不用麻煩，太晚回去，也不好。」

說完，他掏了錢，買下了兩個爐子，總共一百六十元，服務生很感動，提前回家了。

我們不用在九點前非要逼迫自己吃完一隻烤全羊，我們慢慢地吃，等到炭火燒盡，羊肉還熱著，我們吃到半夜，喝到盡興，聊到星星閉眼。

宋方金老師是個十分體面的人，他的直率世人皆知，有時甚至犀利，但他永遠體面，永遠不會把人陷入一種尷尬的選擇中。

比如，每次跟人吃飯時，總有主人問賓客一個尷尬的問題：「你是吃雞肉還是魚肉？」宋方金永遠說：「都來一份不可以嗎？如果你沒錢請客，我來請啊！」人不能陷入這樣矛盾的選擇，一旦陷入這樣的選擇，無論怎麼選都不體面。

你可能會說，不就是一頓飯嗎？至於嗎？

首先，從一頓飯能看出這個人的思維構造和處事邏輯。

另外，誰告訴你一頓飯不重要的？

3

宋方金說過一句話，令我很感動，他說：「每天晚上我們的聚會時間是固定的，這個時間我們甚至無法陪伴家人，這個晚上在時間的長河上，僅此一回，沒有第二次。既然如此，為什麼不開心地過呢？為什麼不跟好朋友過呢？為什麼要不體面地過呢？」

他的這句話給我很深的感觸。

於是，我在新年那天，發了個朋友圈，我說：「我希望在新的一年裡，有我的地方，永遠物質極大豐富，永遠精神極大富足。北京的夜空裡，只要有我的地方，我和我的朋友，都能體面地吃每頓飯，做每件事，活每一天。」

體面，真是人一輩子在追求的事情。

這些年，我總能見到不體面的人，做著不體面的事情，然後拿著這種不體面，當成直爽。

前幾天，在一次作家圈聚會時，進來一個朋友，也算得上是知名作者，一進來就擺出一副自己很厲害的樣子。他不知道的是，這裡坐著的人，每一個都比他厲害太多。我在介紹大家認識時，他開始出言不遜，每句話都透著一種高高在上的不舒服感，接著，他竟開始滿嘴髒話，說著一些令大家尷尬的語言。

有人介紹這位是著名的自媒體人，他說：「我沒聽過啊。」

我聽著不對，就問：「你沒聽過，難道就說明他不有名嗎？」

這時，有人對他說：「之前去過您公司，還給您留了本我的書。」

他說：「哦哦，我知道，沒翻開，在桌子上呢。」

幾個來回後，他基本上已經得罪了所有人，於是我終於按捺不住了，厭煩的情緒不停地爆發，但我還是體面地微笑，保持沉默。

半小時後，他自己無趣地走了，朋友跟我說：「尚龍，他就是這個性格，直爽嘛，你別太介意。」

我說：「這不是直爽，這是ＥＱ差。」

所以，請不要把ＥＱ差當成直爽。

4

這世界上有很多人，用直爽的外衣包裹著ＥＱ差的軀體。

我曾經寫過〈再好的朋友，也經不起你過分的直白〉，許多你以為的直白，就是ＥＱ差。真正的直爽，基於體面之上，基於不傷害別人，基於為別人考慮。情商高的人，也會直爽，但不會令人反感。

每次聽到別人把ＥＱ差的人說成直爽，我都會想，難道ＥＱ高的人，不配直爽嗎？不為別人考慮，再直白的語言、行動，永遠都不體面，說白了，這不過是自私罷了。

當然你也可以說，沒錢啊，怎麼體面；買不起爐子啊，怎麼體面。

所以，我也逐漸明白了人為什麼要奮鬥，我們之所以在年輕時那麼努力奮鬥，僅僅是為了以後，可以做體面的事，認識體面的人，體面地過每一天。

並非所有人都有資格善良

「善良是強者的特權，是需要成本的行善。」

1

前幾天我幫公司篩選履歷，發現一個有趣的現象：許多人的履歷上都寫著一句話——我是個善良的人。

這句話引起了我的深思。善良真的這麼廉價嗎？

或者說，真的每個人都有資格善良嗎？

所有的家長都會說自己的孩子善良，可是，善良到底意味著什麼？想著想著，我走到天橋上，看到了幾個衣衫襤褸的乞丐跪在地上要飯，我習慣性地把手伸進了口袋，卻發現這次沒有帶錢。我仔細看了看他身邊，好像也沒有二維碼微信支付，於是，我轉身離開。

忽然，一個想法湧入心頭：善良是需要成本的。

我想起朋友的一個故事，朋友的兒子五歲，上幼稚園前，朋友多次跟孩子說：「千萬不要和別人打架，別人打你你也不要還手，記得保持善良。」

幾天後，兒子被人打得鼻青眼腫回來了。

朋友十分生氣，這才明白，這已經不是第一次了，之前，誰欺負他兒子，兒子都不還手，甚至不和家長、老師說。

朋友恍然大悟，於是帶著孩子學習了散打和跆拳道，並且告訴孩子，以後誰打他，他都要還手。

有一天，孩子的老師打電話給朋友，說：「你兒子在廁所裡把四個孩子打得鼻青眼腫，怎麼回事？」

朋友好奇地問：「四個孩子打我兒子一個人，難道是我兒子的問題嗎？」

老師一想，還真是四個打一個，這不是校園霸凌嗎？只是四個打一個還打不過，也是不容易。

所以，無能為力的老師說了一句：「下次讓他別下手這麼重了，要學會善良。」

朋友說到這個故事時笑了笑說：「看來，只有強者才配說善良。」

2

他的這句話讓我很震驚，因為我沒想到他的話顛覆了我對善良的認知，也讓這個理論應驗到了我的生活中，讓我明白了：「善良其實是有成本的。」

二戰時期，大家認為辛德勒是一個善良的德國人，我們會認為拉貝是一個善良的傳教士。因為當他們手握生殺大權依舊選擇救人性命時，那才是一種偉大的善良，那種善良才是發著光的。

普通人也有善良，只不過就顯得脆弱了不少。當一個人是弱者時，所有的善良似乎都只是偽善，或者是他不得不善良而已。

我也明白了，善良的本質是強者的特權。所謂善良，應該是劊子手抬起卻沒有落下的刀，應該是強者最後的留情，是得理者能罵卻收回的言語。

強者從善，更難得。

電影《驢得水》裡有個銅匠，他本身是個淳樸簡單的人，原來的生活，只是賺個錢吃個饅頭，很容易滿足。直到他變成了呂得水，直到他擁有了掌握一整所學校命運的條件，瞬間，他的善良成本高了許多。

於是，他從善的條件很簡單，就是要剪掉一曼的頭髮，傷害那個曾經傷害過自己的人。

歷史上這樣的人很多，比如晚清的太平天國，在起初時領導者承諾大家有糧食分田地，承諾大家美好生活近在咫尺，可是當大權在握，領導者有了更多行使的權力時，原形畢露，善良也就不再了。所有曾經承諾的輝煌，都變成了鮮血，染紅了大地。再比如來自農村的官員，在他還是小村莊的孩子時，連一隻雞都不捨得殺害，因為他知道善良很重要。可是當他位居高職，能支配的東西越來越多時，他的善良成本變高了，他的善良便有了條件，他就不願意表達自己的善良了。至少，不會再隨時善良了。所以，強者才有資格表達善良。

難得的不是一無所有時的示好，而是散發光芒時，依舊一心向善，不做壞事。

所以，到底什麼是善良？

我的理解很簡單：善良是強者的特權，是需要成本的行善。

一個人一無所有時，從善沒什麼值得讚揚的。可是當一個人足夠強大，卻依舊選擇不傷害別人，依舊選擇不把快樂建立在別人的痛苦上，依舊選擇做善事，選擇愛和自由優先，選擇相信陌生人，選擇對別人好的態度——這樣的人才是善良的人，這樣的善良才值得稱讚。

只有利益和成本夠大時，才能看到一個人是否是真的善良。

所以，去成為一個厲害的人，然後永遠勿忘初心、永遠向善，才是讓世界變得更好的方式。

主觀意識毀掉一個人

當一個人停止進步，就開始產生主觀意識，主觀讓他排斥新事物，從而停止進步，接著惡性循環，他的圈子越來越小，格局越來越窄，到最後一無所有。所以要進步。這是幾年前，我為自己寫的一段話。

1

就讓我從一個故事開始，我曾住在劇組參與拍攝電視劇《新圍城》，地點位於郊區，偏僻荒涼，人煙稀少。在我們旁邊是一片工地，許多工人忙碌著，來來往往。一天中午，我和宋方金老師出門覓食，才知道這附近只有一家餐廳，桌子擺放得亂七八糟，每道菜單價不高，分量大，服務糟糕，但附近的勞工朋友都在這裡吃飯。

我和宋老師走進餐廳，服務生的態度先嚇到我們：「自己找地方坐！」

坐了大概十分鐘，竟沒人理我們，我請服務生倒水。那個服務生抱著孩子，明顯是老闆的親戚，她狠狠地說：「等會兒！」

嚇得我不敢說話，又過了幾分鐘，服務生終於拿來了菜單。

宋老師吃飯有個習慣，永遠物質極大豐富，尤其是和我吃飯，總是點得很多，這樣菜量夠，可以慢慢喝酒聊天，不急不躁，很舒服。

他看完菜單和服務生說：「你拿筆記一下吧！」

服務生看了一眼他和我，憑經驗說：「不用，你點，我記得住。」我心想，壞了。

果然，宋老師點了四個菜、兩碗麵，還有主食。

這一下，服務生有點愣住，說：「什麼？」顯然，她沒有記住。

宋老師繼續堅持：「你記一下吧！」

服務生也堅持：「不用！你再說一遍！」

第二遍後，服務生走了。直到我們吃完盤點桌子上的菜時，才發現果然少了一個菜，結帳的時候，也就少付了一個菜的錢。

埋單時老闆收錢，看到沒上的菜，自言自語地問了句：「怎麼沒上呢？」顯然，他後悔自己少賺了那份錢，可是，已經來不及了。走出那家餐廳，我使勁地回頭張望裡面的擺設，又看了一眼那個服務生，忽然心生許多感慨，至少，我們再也不會來這家店了。可是，他們一年下來，少收了多少這樣的錢，有多少顧客再也不會來了啊！

我忽然明白了，為什麼他們永遠在這個位置，不可能搬到市區，因為他們的思考決定了階級，這世界最可怕的是認知固化。認知固化決定了命運。

我又看到了那個服務生抱著的孩子，心想：「孩子啊，等你長大，一定要明白，當人停止改變，停止進步，格局就會越來越小，主觀就會越來越強。無來由的主觀意識，必然毀掉一個人，所以，要進步就要改變。」

想到這裡，我多了許多難過和無奈。顯然，這個服務生把自己活出了狹隘。

2

人一旦停止了進步，總用經驗去決定和行動，就會牢牢地把自己控制在舒適區，並且，讓自己的區域越來越小。還會莫名地增加自己的成見，覺得自己很厲害，看不起別人。

我的另一位朋友，原來是英語老師，後來到了美國讀書，有一天，他從美國回來，我問他：「最不習慣的是什麼？」

他告訴我：「唉，到了美國，才知道自己英語有多差。」

這位朋友原來是英語名師，英語文學系的碩士，跟我一起參加過好多次英語演講比賽，英語是大神級別的。可是，為什麼去了美國，才發現都聽不懂、說不清呢？

剛開始當老師時，他申請教托福，教了一年嫌累，跟主管申請要教研究所考試，後來覺得壓力大，再次申請教英語檢定，後來高階都不教了，直接教初級，一教就教了三年。

那些年，他初級課講得越來越熟練，甚至忘記了繼續學習，但他覺得很好，畢竟，在課堂上萬眾矚目感覺很厲害。每次見面都能看到他身上的主觀和高調，自然也就停止了改變。

三年過後，他到美國，發現自己的詞彙差不多是初級詞彙量了。

站在路上，什麼也聽不懂，最可怕的是他一直覺得自己很厲害，不敢當別人面查字典問路。他驚出一身冷汗，於是去考了一次托福，才知道自己分數不及格。

好在，他幡然醒悟，一邊工作一邊好好學習，最終還是考了個不錯的成績。他後來告訴我：「要學習！不改變，不進步，還覺得自己強！強什麼呢？」

我想起一位母親跟女兒說過的一段話：「原來以為日子往低處活容易，後來發現，你越往低處活，低層次的人就越多，你受到的阻礙都是低層次的；反而往高處活，遇到的圈子都是高階的，大家對雞毛蒜皮的事情不感興趣，自己活得也容易得多。可惜的是，我知道這個道理時已經晚了。」

心理學有個觀點：「當你開始過度在乎自己擁有的，而不去追求自己沒有的，你擁有的就會越來越少。接下來，你就會更加在乎自己擁有的，從而擁有得更少。」

當一個人不進步了，只剩下自信和品味，主觀成了生命的主題，悲劇就來了。

我的朋友尚兆民曾經說過一段話讓我很有感觸，他說：「我三十二歲那年，正該追求穩定時，賣掉了車，賣掉了房，因此，我才感悟到，世界還有更大的空間讓我去追尋，我可不想把自己牢牢地困在那樣的狀態中。你看看周圍有多少人，天天開車，拚死還房貸，就是為了證明自己的階級，其實，他們早就一無所有了。」

他在最穩定的時候，從體制內辭職了。那一年，他埋頭苦讀，振筆疾書，出版了暢銷書《所謂情商高，就是會說話》，成功跨界。

每次我和他喝酒，他總是會感嘆：「人啊，要總是覺得自己還不錯，其實他就是『死』了。」

最近，他又辭職出去旅遊了，我知道，這是他打開世界的另一個方式：「永遠不知足，永遠擴大自己的生命圈。」

4

階級雖然在僵化，但個體從來沒有僵化。

你總能見到這個時代有一個人，或者幾個人，透過自己的努力，實現了財務自由，跳到了另一個階級。

但改變生命的人永遠是少數，甚至是極少數，這些人不用固有的經驗去判斷這個世界，相反，他們在讀書，在進步，在改變。

願你成為這樣的人。

免費的最貴

這個世界，錢很重要，但比錢還重要的，其實是你的時間和注意力，這些東西決定了你的價值觀，從而會改變你的消費觀。

1

從一個故事開始：

我記得那天氣溫三十五度，我衝出被空調環繞的辦公大樓，直奔地鐵。畢竟，長痛不如短痛，與其慢慢地被三溫暖烤，不如飛快游出澡堂。

可是，一個現象讓我停止了步伐。離我不遠處，一條長龍正在緩慢地往前移動。這麼熱的天，這些人在排什麼隊呢？一定是很重要的事情吧。

當這個疑問浮現出來，我就走了過去，只見隊伍的前方寫了幾個大字：免費領取××冰淇淋一支。

我仔細看了眼這條長隊，忽然意識到，這是一次明顯的商業行為，因為隊伍的外面，有許多相機正忙碌地拍照。第二天，這些照片就會登到各大行銷版面來證明這家冰淇淋店有多紅，人們多麼喜愛。

可是，這麼炎熱的天氣下，為什麼會有這麼多人不辭辛苦地排隊呢？其實也很簡單，因為免費，因為不花錢，因為可以占便宜。占便宜是人類的天性，這點誰也逃不掉。我快速走到了隊伍的前方，留意到送冰淇淋的服務生動作很慢，他一邊讓顧客填表，一邊包裝、寒暄，有時候還停頓一下，明顯是要故意拖延速度，好讓照片上的人顯得更多一些。

天熱得我喘不過氣。我站在隊伍前，看著他們一個個拿著冰淇淋快活的樣子陷入了沉思：「他們真的占了便宜嗎？他們真的免費拿到了一支冰淇淋嗎？」

我忽然想起了一句話：「免費的東西最貴。」

想著想著，我明白了：「一支冰淇淋的價格雖然沒有用金錢結算，背後的代價可真不小。這些排隊的人不僅付出了時間和個資，還幫人免費做了廣告背景，這些代價遠遠比那支價值十幾塊錢的冰淇淋要多得多。」

想到這兒，我也終於理解了那句話：「免費的東西最貴。」

我不禁感嘆，這真是一次完美的商業行銷啊。

2

克里斯·安德森在他的著作《免費！揭開零定價的獲利祕密》中舉了幾個例子：所謂買一送一，就是打五折的另一個說法；所謂內含贈品，早就把贈品的成本計算到了總價中，就好比網購的免運，運費早就包含在了定價中，根本不存在贈送。

還有一種著名的商業模式，叫羊毛出在豬身上，狗埋單。例如你看的電視、收聽的廣播都是免費的，但之所以免費，是因為廣告主已經付過錢了，而你也早就被賣給了廣告主，早晚會買那些長期打廣告的產品。

所以，許多免費，其實並不是免費，只是不用錢的方式交易罷了，消耗的是其他更重要的東西。而商業中的一條鐵律是：「免費的往往是最貴的。」

比如你打開影音網站，只要不買會員，看片當然是免費，但你就要忍受前面幾十秒的廣告，還有動不動突然跳出來的產品，這些時間成本計算起來，一點也不比會員費低。當我們弄清楚這些東西時，也就能逐漸明白，所有寫著免費贈送的東西，背後都有一套複雜的商業邏輯。我們可能確實不需要交錢，但要用其他方式支付，這些支付的成本可能是個資，可能是時間，當然也可能是注意力。這些東西不用錢，但都值錢。

曾經有位編劇講了一個故事給我聽。他說，在八九〇年代，學校門口最火的跟文化有關的產品是兩樣東西——盜版漫畫書和盜版ＤＶＤ。

其中，最受歡迎的是歐美日韓的產品：日本的漫畫、韓國的音樂、美國的影視劇集。那些盜版的價錢十分便宜，有些甚至一元都不到。當時孩子們不懂，只知道便宜，於是，大家瘋狂地看著《鐵達尼號》《黑色追緝令》，聽著聽不懂的歌詞和優美的旋律，完全不知道這些是盜版。

隨著時間推移，這些電影、漫畫、音樂深深地影響了一代人；有些故事甚至變成了這些孩子的價值觀，根深柢固，無法改變。

這位編劇回憶：「忽然間，政府開始打擊盜版，而且很嚴格，一段時間後，盜版的內容就很難找到了，直到今天，盜版越來越少，但那些受到影響的孩子長大了。他們發現自己只喜歡看日本的漫畫、聽韓國的音樂、看美國的影視劇，他們的價值觀變成了消費觀，過去欠的錢全部償還了過去。」

直到今天，我們仍然是歐美日韓的電影電視劇、漫畫、音樂的最大消費國，當年的免費文化，卻培養了一批付費的粉絲。

他講的故事令我毛骨悚然，也讓我對免費二字有了更深刻的理解：這個世界，錢很重要，但比錢還重要的，其實是你的時間和注意力，這些東西，決定了你的價值觀，從而改變你的消費觀。

3

安德森在著作《免費！揭開零定價的獲利祕密》裡說：「商業世界裡，免費的精髓，就是二段收費：第一段，是某些企業先用錢買斷了你的注意力、朋友關係、未來需求。第二段，你拿著錢購買這些所謂免費的產品。當你成為免費的一部分，也就不愁你不會付費了。」

比如你看那些網路劇，前幾集都是免費的，當你沉迷其中，糾結萬分地想知道後面發生了什麼時，不好意思，付費的時候到了。

類似的例子還有很多：比如你玩「王者榮耀」已經到了鑽石級別，想要再上升，不好意思，不買新裝備、新皮膚，就是打不過別人。

比如你聽了首免費的歌，被感動了，但音質太糟，如果你想聽更高品質的歌曲，就要掏腰包了。

比如你在網上看了這本書的一半，正到高潮，戛然而止，可以掏錢了……

這世界上的所有免費，都指向了商業，所以，當你看穿這個邏輯，就會逐漸明白兩條重要的邏輯：

一、年輕時多賺點錢準沒錯。

二、永遠不要廉價出賣自己的時間和注意力。

4

最後，再講一個故事，故事的主人公是個窮苦的音樂人，當然，他現在已經不窮了，因為他開了自己的餐廳。我聽過他的歌，旋律很美。這個從中央音樂學院畢業的大男孩，竟然沒有從事音樂，而是開了一家餐廳。

我問他為什麼要放棄音樂開餐廳，他說了兩句話：「我得活下來啊！」還有一句是「又不是我一個人放棄了」。

是的，從音樂學院畢業放棄音樂這條路的人數不勝數，原因只有一個：這條路不賺錢。因為過去，我們聽音樂幾乎是不花錢的。所有的音樂都免費，而且，我們已經習慣了免費聽音樂，甚至誰要是收費，都會引來罵聲一片，說什麼他變了。也正是因為這樣，越來越多的人發現：做音樂就等於窮死，等於入不敷出。於是，許多人在堅持了幾年後終於放棄，也就這樣，我們這個國家損失了太多音樂人才。

免費的果然最貴。

我瞭解做一首歌的流程。之前，我和一位音樂人徐哥做了一首歌叫〈回不去的流年〉，從寫詞到製作到進錄音棚，我們花了三個月，共計三萬多元，這些錢，我們一人一半平攤了。直到今天，這首歌還沒有上傳到網路。

有很多人問我為什麼不上傳。因為我明白，如果我們不收費，就相當於告訴大家，音樂就是免費的，這個榜樣不能樹立；但如果我們收費，很多人還不太明白背後的邏輯，心想，音樂不是免費的嗎，憑什麼要收費呢？

所以，我想了很久，就先不上傳吧。

直到今天，和我一起做音樂的徐哥已經很少創作新的歌曲了，他開始做商演，做電影配樂，做節目音效，因為這些事更賺錢。我們免費音樂背後的代價，是一個個人才的流失。

這代價大到嚇人，它意味著更多音樂人離開了自己所在的領域，去了別處，更多好的作品不會被人聽到。這樣的代價相比下來太大，也太沉重了。

同理，盜版書和免費的電子資源對作者的傷害，以及免費的盜版課對老師的傷害，又何曾停止過呢？這真值得我們反省了。

學會管理自己的注意力

想要在這個時代提高自己的幸福感，放下手機是第一步。想要真真切切地提高自己某項技能，專注是最重要的。

1

這些日子，我發現身邊許多人開始玩抖音。不玩不知道，一玩我徹底著迷了。我躺在沙發上，用指頭一次次地滑著。

一轉眼，就到吃午飯的時候了。我看了看今天的任務單，嘆了口氣，安慰自己：有些事就放到明天去做吧。

第二天早上，我不受控制地又拿起了手機，刷著刷著，又過了一小時，直到彈出一個廣告，我才停了下來。這時忽然意識到一件可怕的事情：「為什麼我被這個軟體控制得死死的，像吸毒似的著了迷？」

我意識到了一件事，其實不僅是我，如今，越來越多的人被社交網站、App、短片操控了，不知不覺就花費了大量時間。

從微博短片到秒拍再到抖音，科技一次次更新，卻總指向一個目的：「讓人沉迷」。我曾經寫過：在大城市裡想廢掉一個人，最好的方式，就是給他Wi-Fi。現在再下載個抖音，如果還有個外賣App，一晃眼，一天就過去了，再一晃眼，一個月就過去了……

那些為我們提供方便的工具，正在潛移默化地控制著我們，讓我們著迷，讓我們把美好的生命一次次地浪費在其中。

2

臉書的創始人之一西恩·帕克曾經在接受採訪時說：「每當有人給你照片按讚或評論時，你便獲得一次多巴胺的快感。」多巴胺的分泌生理機制，其實和吸毒一樣，都是刺激大腦中同一個區域，但一個我們會警覺，另一個我們卻毫無意識，照單全收。

人之所以會上癮抖音，第一是因為視頻內容不可控，因為不可控，就總能帶來驚喜。第二是因為視頻很短，十秒鐘左右就要有效果，就要讓人發笑，要讓人印象深刻，抖音使我們的時間更加碎片化。把整版的時間碎片化，是深入思考最大的敵人。

最讓人流連忘返的，就是那些來自陌生人或者熟人的按讚和轉發，試想，每次著迷，不都是因為對那些即將到來的按讚和轉發有期待嗎？這樣的即時反應，最終讓大多數人都沉迷其中。

西恩．帕克曾經在《衛報》上表示：「社交網路的建立並不是為了讓我們更加親密無間，而是為了分散我們的注意力。為了達到這一目的，社交媒體的架構師利用了人類心理的弱點，幫助你分泌多巴胺，提高你的興奮感，逐漸讓你到達上癮的階段。當注意力被捕獲，錢就來了。」

凱文．凱利在《必然》中說：「今後，人類注意力的流向，就是金錢的流向。」

於是，在人們一遍又一遍刷著網頁、更新著朋友圈時，廣告就來了，商業就植入了，消費就來了。於是，金錢開始被控制了。

工具從提供方便變成了操控自己，人類的意志逐漸薄弱，變成了人家說什麼就是什麼。

但可怕的是，許多人都不知道自己最貴的其實是注意力。

微博的熱搜關鍵字永遠是那些明星，連笑一下、換件衣服都上了熱搜關鍵字，我百思不得其解，誰會搜索這些東西呢？後來有一次，我和一位明星聊劇本時，她忽然說等一下，拿出手機回了條資訊，然後不好意思地跟我說：經紀人問我要不要買條熱搜關鍵字。

那時我忽然意識到，為了搶奪人們的注意力，背後都是各種複雜的商業邏輯，而我們卻永遠廉價甚至免費地出賣自己的注意力，這才是一樁不折不扣虧本的生意。所以，我們越來越不知道自己想要什麼，活得越來越模糊。大數據算準了我們的喜好，強化那些他們認為我們感興趣的資訊，我們逐漸被那些資訊流牽引了人生。

3 注意力到底多值錢？

作家吳修銘在《注意力商人》中有一個故事：

最早的報紙很貴，只有貴族才買得起，屬於小眾市場，許多人可能一輩子都看不到一張報紙。直到一八三三年，班傑明·戴創辦了一份自己的報紙《紐約太陽報》，後入場的他，為了打敗那些先入場的報紙，竟然只賣一美分，當時很多人問他：「你這連印刷成本都不夠啊！」

可是，當他的報紙開始流行，發行量上升後，他便靠著廣告賺錢。後來，班傑明．戴成為傳播業的鼻祖，也成了有錢人。

這樣的邏輯在哪個時代都適用，從廣播到電視一直到部落格、臉書，甚至到今天的ＩＧ，有流量的地方就有廣告，有注意力的地方就有消費，技術變化了，但人們注意力廉價的事實，從未發生改變。

我們就這樣一次次無知地被收割，直到成為習慣。

吳修銘給了兩個建議，一個是購買會員去除廣告，另一個是使用廣告攔截軟體上網。但這些都遠遠不夠，因為只能治標不能治本。

4

在我教課的八年裡，幫學生上過聽力課。我發現，學生最大的困擾不是英語單字量少、基礎差，而是注意力渙散，聽著聽著就開始胡思亂想，沒有真正集中注意力在聽力上。於是，明明聽到了老師講的重點，但開小差過去了，還歸因於自己基礎不好。

心理學有個概念，叫心流，就是當你全心全意做事情時擁有的一種狀態。但是，當你走進大學校園，你看到的都是學生們一心多用的狀態：一邊聽課，一邊玩手機；一邊讀書，一邊聽音樂；一邊戀愛，一邊打遊戲；現在，一邊聚會，一邊刷抖音……太多的人，已經忘記了高三時那段專注的時光，忘記了上一次產生心流是什麼時候。

其實，當我們聚會時，當我們陪家人時，當我們讀書時，當我們寫作時，放下手機，一心一意是個很聰明的舉動。當我們長期把視覺、聽覺、觸覺分開，看似很節約時間，卻很容易養成三心二意的習慣，心流也就逐漸消失了。想要在這個時代提高自己的幸福感，放下手機是第一步。想要真真切切地提高自己某項技能，專注是最重要的。

齊克森米哈里在《心流》裡講了一個故事：

一個小夥子愛上了一個女孩，兩個人在一起後，他的工作忽然忙碌了起來。而且，他拚命工作的狀態擠滿了他每周固定的登山時間，當登山隊隊友抱怨他長期不參加集體活動時，他又產生了和女孩分手的想法。他的注意力不停地隨著新出現的情況變化，這些一次次的切換，消耗了他大量的注意力，久而久之，他崩潰了。

心理學把這種狀態稱為內在失序，也就是所謂的崩潰。但思考一下，身邊有多少人一直處於這種內在失序的狀態呢？他們一邊做著A，一邊做著B，最後得到了零。

《心流》這本書給出幾個提高注意力的建議：

一、要有清晰的目標。不要三心二意，同時占用自己的視覺、聽覺等多個管道。

二、即時回饋。每做一件事，都要有一個回饋的機制。

三、挑戰難度和能力匹配的事情。太簡單和太難，都容易讓自己開小差。

但我的建議更簡單，其實，我們可以稍微離開手機，離開社交網站，離開時刻被打擾的世界，建立一個自己不被打擾的狀態。

我記得從二〇一七年起，我就把電話設置成了勿擾模式，尤其是在閉關創作的時候，乾脆把手機關機，這樣就收不到任何人發的訊息。但閉關不等於閉塞，每天晚上八點，我準時打開手機，用一小時回完所有的資訊和電話，接著投入新的工作中。

我記得那段時間心情很好，因為自己一直處在注意力高度集中的狀態，許多朋友一開始很抗拒，後來在我的堅持下，慢慢瞭解了我的習慣，也就尊重了。

這種狀態下，我寫出了《刺》，直到今天，我都很懷念那段孤獨不寂寞的時光。

關於社交媒體，你可以做一些改變：不用註銷，但控制使用它的時間，比如使用前看看錶，為自己定個十分鐘放鬆時間，時間一到，立刻關閉。

工具是為人服務，不是控制人的。你要主動使用它們，而不是被它們拖著走。一個人的注意力是這個時代最重要的東西，你不去管理自己的注意力，就會被人代管，當被別人代管自己的注意力時，也就不值錢了。

遠離那些強盜邏輯

我生平最討厭三句話：「一個巴掌拍不響」「可憐之人必有可恨之處」，還有「蒼蠅不叮無縫的蛋」。

在我開始反對校園暴力後，發現了一件很詭異的事情：總有學生跟我講：「老師，你知道他平時多壞嗎？你別看他可憐，但可憐之人必有可恨之處。」

每次聽到這裡我都氣不打一處來，是的，人家可憐，你也沒憐憫人家；人家可恨，也輪不到你恨，何況，你欺負別人的時候，自己就不可恨了嗎？

如果你細心觀察會發現，蒼蠅不僅會叮無縫的蛋，還會叮無痕的人，只要站在垃圾堆裡，蒼蠅就會毫無理由地叮你，不管你是誰，不管你有沒有問題，蒼蠅就在你身邊。所以，你會發現總有些人進入了職場、校園後，雖然他沒有做什麼，但就是被欺負了，被罵了，被攻擊了，甚至被打了。然後攻擊方說：「蒼蠅不叮無縫的蛋。」

說這話的人，還沒有意識到自己已經變成了蒼蠅。

最不能忍受的就是那句一個巴掌拍不響，每次看到這種人，我都想把他叫過來，然後親切地朝他臉上搧一個大耳光，然後不好意思地說：「響了」。

後來，我逐漸發現了，生活中有太多經不起推敲的強盜邏輯，比如父母那句著名的「我是為你好」，比如網路那句：「不是你撞的，為什麼要扶？」

所謂強盜邏輯，就是本身沒有邏輯，只能靠當強盜，才能讓邏輯通順。

於是，我決定把生活裡的那些強盜邏輯寫下來，分享給各位，我們不僅要避免這些邏輯，更要遠離那些常常抱持這些觀點的人，願你們明白，生活處處是陷阱，而我們在善良的同時，也需要時刻清醒。

一、先定結論，然後倒推證據

正常的邏輯，應該是從證據出發，找到證據鏈，然後得出結論。但你仔細看看網上的一些言論，它們是反過來的：人一定是你撞的，要不然你為什麼扶呢？你一定長得難看，不然頭像為什麼不敢放自己的照片呢？這事一定跟你有關，不然為什麼剛剛發了評論？你這麼多話，一定很寂寞吧……

這些言論都犯了同樣的錯誤：先認定一個結果，然後再去找證據支撐自己的觀點。其實，隨著我們年齡增長，越來越容易犯這個錯誤：我們只讀自己認可的文章，只相信自己同意的觀點，看自己贊同的書，我們認定了觀點，再去尋找證據支撐這個觀點，久而久之，我們的世界就越來越小了。

二、循環論證

二〇〇二年，在一群少年被指控謀殺一名小童的審訊中，檢察官的陳詞裡用了毫無悔意一詞。可是，你仔細思考會發現，如果他們沒有殺人，就根本不存在毫無悔意這個詞。後來，宣告被告無罪。

所謂循環論證，就是用來證明論題論據的真實性，需要依靠論題來證明的邏輯錯誤。

生活裡這樣的錯誤很多，比如，你經常會聽到有人告訴你，只要你夠努力，就能成功。如果沒有成功，就說明你不夠努力。如果成功了，就說明你夠努力。

其實這種邏輯的破解方法很簡單，稱為具象化。比如，什麼是夠努力，你有資料告訴我嗎？比如背誦多少個單字，比如做完多少模擬試題，比如持續多少天的練習？

再比如，古時候很多人去廟裡求子，大師會告訴你，你要夠虔誠，就會有孩子。如果還是沒有懷上，大師就會說，你還不夠虔誠。如果懷上了，大師就會說，你看，你虔誠了。

所以，你的解決方案應該是問大師：「大師，什麼才是夠虔誠呢？能具體化嗎？比如我要燒多少香，我要磕多少頭，我要捐多少錢？」

當具象化了這些詞，這樣的邏輯也就不攻自破。

三、以偏概全

人對這個世界的理解很容易簡化，於是，總喜歡用個體代表群體，以偏概全，準確來說，星座就是。

比如白羊座好動，獅子座愛生氣，摩羯座內心戲多，但是，是真的嗎？

我們總能找到許多特例反駁，世界之所以美好，不是因為群體怎麼了，是因為每個群體都是由一個個特殊、特別的個體組成的，而我們特別容易因為個體否定群體。

比如一個老太太摔倒了，你扶她去了醫院，她說你撞的，下一次你還會扶嗎？

大多數人不會了，因為在他們的心裡，老太太這個群體，要敬而遠之。

但理性的答案是，下一次，你還要扶，但你要看看是不是之前那個老太太。

再比如，你被一個渣男甩了，還會不會戀愛？

理性的答案是，還會，但不要再跟這個渣男戀愛。

以偏概全的錯誤，會讓我們喪失更多美好，而分清個體和群體，能讓你更幸福。

四、訴諸權威

先分享一條新聞：二〇一八年五月二日，美國史丹佛大學教授阿克斯．喬丹在推特上發了一條訊息：吃大豆有助於治療癌症。你的看法呢？

先聲明，這是一條我編的新聞，史丹佛大學沒有什麼阿克斯．喬丹。

你有沒有發現，一旦資訊中有史丹佛大學、劍橋大學、麻省理工學院這些權威學校，可信度一下子就提升了，不僅如此，如果再加上一個具體時間、一個具體名字，相信這一切就顯得很真實，為什麼呢？因為人喜歡訴諸權威。

其實判斷一條資訊是真是假，動手搜索一下就能消除不少謠言。

比權威謠言更可怕的其實是跨界權威。

前段時間，我還看到了一本書的封面上寫著××明星推薦。說實話，嚇了我一跳，因為這位明星在音樂領域是專家，但在文化領域可不是專家啊。

但我們都弄混了。

所以，跨界的權威和權威是兩個概念，而且很多權威都在自己擅長的領域花了大量時間，相反，他們沒有太多時間在其他領域進修。

所以，權威可以相信，但不要盲從。

五、你弱你有理

馬雲沒少被逼迫捐款和被鍵盤魔人批判。天津港爆炸事件之後，網友紛紛在網上逼迫馬雲捐款。有的網友甚至出言不遜，表示如果馬雲不捐，他遲早會身敗名裂；還有的網友表示，馬雲要捐款一百萬元給犧牲的消防員家屬；不捐個幾億都對不起他的身分，你捐了就等於我捐了。

這些言論其實都表明了一個邏輯：我弱，所以我有理。

事實上，一個人弱不一定有理，有理和強弱無關，我們首先需要自己變強大，然後，需要明白，弱小強大和有理沒理是兩件事。

遇到這種人，其實你可以用《滿城盡帶黃金甲》裡的一句台詞回應：「朕給你的，才是你的。朕不給你，你不能搶。」

六、訴諸公眾

你回到家，媽媽說，你看大家都結婚了，你是不是也應該結婚啦！

你父親說，大家都報培訓班了，你是不是也不能落後啊！

你說，大家都報了這個班，所以我也要報。

可是，真的嗎？大家都怎麼樣，你就應該怎麼樣嗎？

人的本性就是從眾的，當大家都怎麼樣時，你的基因就像被啟動了一般，投入了大眾的懷抱，可是你是否忘記了，這個真的是你個人想要的嗎？

大眾總是透著一種正確的含義，但真理卻時常掌握在少數人手中，我想，這就是教育的重要性：要時刻提醒自己獨立思考，要對自己發問自己到底想要什麼，而不是被眾人帶著走。我想，這就是網路時代，我們更需要學會的思維理念。

遠離批評家人格

所有的暴力，都可以從溝通中找到潤滑，所有的批評家人格也都可以從換位思考中得到緩解。

1

古典老師講過一個故事，有一天全家在吃早餐，他妻子說：「小滿（孩子）好聰明啊，天蠍座的人成大事的機率最高。」古典老師是一個反星座的人，順口回了一句：「第一，你有資料佐證嗎？第二，什麼叫大事，你能定義嗎？」接著，你懂的……一頓早餐，就這麼毀了。古典老師也很後悔，家是一個應該講愛的地方，不應該講理。

其實這樣的例子很多，尤其是每次上網，總能看到一些人在你剛發的文下面，提出自己的見解。提出自己的見解無可厚非，但你發現，有些人總是習慣性地對別人的生活指手畫腳，對別人的作品評頭論足，對別人說的話大肆批評，刷存在感，這樣就越界了。

這種人格被稱為批評家人格。

他們往往潛伏在網路的每個角落，不僅如此，當你觀察身邊人時也會發現，這樣的人無處不在：那些無論孩子做了多麼厲害的事情，都要批評他們的父母，那些總是和丈夫過不去的妻子，那些總是對公司指手畫腳的員工。

2

曾經在一個聚會上，朋友介紹了一個批評家給我。

說實話，那是我吃得最困頓的一頓飯，因為我壓根不知道什麼是批評家。

我聽過畫家、作家，甚至聽過評論家，但是沒聽過批評家。我們互留了微信，我還開玩笑：「您以後可別批評我啊。」

回到家，我搜索了什麼叫批評家，發現沒有特別明確的定義，甚至歷史上也沒有留下什麼偉大的批評家名字。

久而久之，我開始明白，批評是有意義的，但一個人一旦把批評當成了職業，透過批評來賺錢，甚至提高知名度，這個人的批評就沒了意義。

法國啟蒙主義大師狄德羅曾經說過：「批評家是在對過路人噴射毒汁。」

我認識一位朋友，他就是典型的批評家人格，什麼事情都喜歡批評一番，他的朋友圈幾乎不能看，永遠是批評這個、那個，關鍵是見解也並不好。

一開始，許多人都以為他的朋友圈和微博一樣，是宣傳的媒介，後來和他接觸久了才發現，他就是這麼一個人。再仔細觀察他身邊的朋友，他所有的朋友在他面前都不愛說話，因為每一句話都會被反駁回來，甚至對別人的任何觀點，他都會毫不留情地說不。

久而久之，沒人和他說話了，更沒人願意和他聚會了。即使聚會，大家也都全聽他說。這不僅影響友情，對愛情也是災難性的打擊。如果一個女孩嫁給了一個批評家，或者一個男孩娶了一個批評家，那生活一定會出問題：那些盛氣凌人、居高臨下的批判、批評，註定會造成感情的破裂。家是講情的，不是講理的，更不是充滿批評、指責的。

一個人和批評家生活久了，每天必然產生巨大的壓力，就像背後有一雙隱形的眼睛，時時刻刻盯著你。你能想像你癱坐在沙發上，忽然有人告訴你你的鞋子沒有擺正的感覺嗎？

所以，在感情中對於具備批評家人格的人，我的建議是改變他，或遠離他。

3

我曾經建議自己的公司，千萬不要招聘那些具有批評家人格的人，因為這些人只是在批評，他用一種把自己撇清的狀態，念叨著每個細節，批評著每項規定，卻從來不提出解決方案。

我曾經寫過，負能量是鞭策社會的不公，正能量是鞭策的同時提出解決方案。但批評家只負責批評，不提供建議和方案。所以，批評家人格在公司的角色，絕對不應該是做事，而應該是顧問。這些人放在顧問和建議的崗位就好。

他們雖然不討人喜歡，但不得不承認他們的洞察力和表達力都很強，如果讓他們思考研究、磨練產品、掌握技術，可能是放錯了位置；相反，如果將這些人放在公司戰略和顧問的位置上，就會有很大的幫助。

三國時期的馬謖，就是一個喜歡批評甚至指責的人。他具備很多知識，掌握了很多書上的戰術，可是一旦付諸實踐，就會顯得一無是處。就像曾國藩說的那句話：「可議事者不可圖事。」是說，可以談論事情的人，不要一起做一件事。所以對於具備批評家人格的人，請一定要與他保持安全距離——既不會傷害自己，也不會得罪別人的距離。把他放在安全的位置，這點很重要。

可是，為什麼會有這麼多人喜歡批評別人呢？

4

具備批評家人格的人都有兩個溝通盲點：

第一，沒有站在別人的角度考慮問題。

第二，溝通中帶著暴力。

英文中把換位思考稱為穿著別人的鞋子。也就是當你站在別人的位置時，許多戾氣和批評就減少了。這就是為什麼大人和小孩說話，只要蹲下來，孩子往往都聽得進去。

記得，我知道汶川地震時一名老師第一個逃跑的新聞後，我批評家人格的病就來了。可是，很快我又看到了一段他的採訪。這位老師說，自己有重病的母親和兩個孩子。那時，我似乎理解他了。其實，我也沒什麼資格去評價他。換位思考往往可以避免過分的批評。

另一個盲點，是溝通中帶著暴力。

一個人在陳述事實的時候，會不由自主地增加一些自己的評論與批判；一個人在講故事時，也會不經意地加上自己的道德評價。

《非暴力溝通》中說，語言暴力，來自人的道德評價，道德評價就是用自己的道德標準主觀地評價別人。你是否發現，很多人在講話的時候，都特別喜歡用「我認為」「我覺得」「你總是」「你為什麼」開頭，這些詞後面往往就是道德評價。對於自己不是特別熟悉的朋友，我的建議是少用這些詞。

《非暴力溝通》中說了許多例子，比如，對自己少用「應該」「不應該」「不得不」，用「選擇做」「可以做」這樣的詞。其實所有的暴力，都可以從溝通中找到潤滑，所有的批評家人格也都可以從換位思考中得到緩解。

5

吳伯凡老師曾經在課上講過一個很有趣的故事：

醫生：「你好。」

患者：「好什麼好，我要是好，就不會到你這裡來。」

醫生：「好，你坐。」

患者：「你不能剝奪我站的權利。」

醫生：「你有什麼病？」

患者：「你只能說我哪個器官有什麼病，你不能說我這個人有什麼病。」

醫生：「今天天氣不錯。」

患者：「你只能說我們這個地方天氣不錯，南極和北極的天氣不一定好。」

仔細一想，這個患者說的每句話都對，但如果我是這個醫生，我一定會打他。但你仔細觀察，所有的批評家人格都有這個問題，對這種問題，古人取過一個名字叫語欲勝人症。有一次，我在辦簽書會的時候，遇到了這樣的人。在問答時間時，他瘋狂地舉手，弄得我不好意思不給他提問的機會，但是給了他機會，他不僅不問問題，還講了半天來補充或者批判我說的一些細節。

聽完之後，我很無奈。那天，我聽完了他的滔滔不絕，然後問他，「你說了這麼多，想表達什麼呢？」

全場都笑了。

然後他面紅耳赤地說了句話：「我比你強！」

大家又笑了。

生活中也有許多人，特別喜歡用語言來壓倒你，他們並不是真的想贏你，而是想贏得爭論，他們說得並不是不對，而是場合錯了，或者姿勢難看，有時候，辭達則止，不貴多言就好。

稻盛和夫在《稻盛和夫工作法》裡說：「三等資質，聰明才辯；二等資質，磊落豪雄；一等資質，深沉厚重。」有時候，一個人的強並不是瘋狂地批評、指責、抱怨、評價，一個人的厚重，時常無聲勝有聲。多一些溝通、多一些換位思考，才能減少傷害。

不要賤賣你的時間

這個時代，一個人的收入和努力根本不成正比，只和一個人的不可替代性成正比。

1

我曾經聽過一個故事：

在辦公室裡，文案編輯囫圇地把一份都是錯別字的文案丟給了設計師，設計師看到文案，很生氣地問這位編輯：「你寫的都是錯別字，讓我怎麼作圖？」

編輯說：「大哥，你一個月就那麼點錢，老闆給多少錢，你做多少事不就行了嗎？何必認真？」

那位設計師啞口無言，但又覺得有道理，於是把這件事情講給我聽。他以為自己賺了點錢，卻忘記了胡亂做一件事情，還不如不做，耽誤了自己的時間，影響了自己能力的提升。其實，這個世界所有善於算計的人，最終都把自己算進去了，根本得不償失。

我想起我當老師的時候，也有過這樣的同事，他告訴我：「你講一次課就這麼點錢，何必要好好備課呢？備課花那麼多時間又不算課時費，得不償失啊！」

我心想，你算得對，但我不這麼認為，因為，我認真備課，就相當於把我的課講了兩遍：一遍為了公司（我賺到了相應的報酬），一遍為了自己（我提高了自己的能力）。這樣的思維模式十分重要。

久而久之，我把課越講越好，課就越來越多，學生越來越認同我，主管自然找到我，跟我說：「小李啊，你的講課能力增強了，我們討論後決定幫你調薪資。」

薪資，一定是隨著能力起伏的。

相反，那個同事早就離開了教師工作，因為他越這麼想，越消極怠工，能力越沒什麼提高，到頭來反而浪費了時間。那時，我意識到一件很重要的事情：當你把一份時間賣給更多的人，把一份工作做得夠好，財富自由就變得容易了很多。

隨著課程的好評度越來越高，我的名聲也開始在圈子傳得越來越廣，許多公司提供我更多機會，並承諾更好的待遇。忽然，我有了議價權，可以小範圍決定自己的薪資了。古典老師曾經說過一句很經典的話：「薪資的祕密不是月薪、年薪，而是時薪。」

那段時間，我的時薪開始上漲，我意識到這是第一階段能力提升的回報。主管為了平衡市場，怕我跳槽，提高我每小時的單價，我能夠以更高價售賣自己的時間了。

那年我二十二歲。

每個職場新人的第一個目的，就是從廉價出賣自己的時間變成高價出賣自己的時間。當提高了自己單位時間的價值，也就成就了財務自由的第一步。

接下來，我們就要學會批發自己的時間了。

還是以講課為例，同樣是一門課，原來我們受到場地制約，一小時最多只能讓幾百個學生聽，現在隨著線上教育的發展，透過網路，課程可以提供幾千個甚至上萬個學生。

網路是偉大的，可以放大一件好事，但別忘了，當課講得很差勁的時候，也同樣會被放大，所以，真才實學很重要，這是第一步的事情。

好在，我終於可以批發自己的時間了。

3

這個時代，一個人的收入和努力根本不成正比，只是和一個人的不可替代性成正比。收入高低取決於你是否有一技之長，是否在這個領域不可替代。這背後需要耐住的寂寞、忍受的孤獨那可就太多了：

你需要在別人玩的時候學習，在別人學習的時候也在學習；

你要每天拿出兩三個小時磨練這一專長；

你要學會在這個圈子裡請教高人；

你需要在上台前一遍遍修改自己的教材，一次次對著牆講，一回回改變自己的話術……

4

最後，我們談談當一個人單位時間單價足夠高時，應該做什麼。要知道出賣時間永遠是划不來的，因為總有人願意購買你的時間，換句話說，沒有買虧的，只有賣虧的。

所以，當你有了一些收入和累積，就應該學會購買別人的時間。這就是許多老闆正在做的，他們希望員工加班，希望員工不遲到、不早退，本質上，就是用錢去購買員工的時間。因為購買強者的時間，永遠是個划算的買賣。

但很多人不知道，依然在賤賣自己的時間，還抱怨著生活無聊、老闆小氣。包括那些在辦公室裡發呆的人，那些以為做事都是為了老闆的人，那些每天只期待午飯盼望下班的人……

這些人恐怕永遠不會財務自由，因為當一個人有了時間概念，就會明白最值錢的其實是自己的時間，懂得人這輩子最終目的就是不賤賣自己的時間時，他才能真正懂得，所謂踏踏實實地坐在辦公室裡卻什麼都沒做的人，恐怕失去的會更多。

好奇心讓靈魂永遠年輕

時光能讓我們變成中年人，但只有我們能決定是否油膩；時光能讓我們白頭，但只有自己能決定是否要前行。

1

二〇一七年，紅了一個詞：「油膩中年人」。

這個詞誕生後，許多人都開始留意身邊符合標準的油膩中年人，不觀察不知道，一觀察，比比皆是。

我從另一個角度聊。每次去美國，都有一個感受：美國有胖子，但很少有油膩中年男人。什麼是油膩中年男人呢？

就是用自己殘缺的人生經歷為年輕人指點人生，用一副看破紅塵的姿態，拒絕所有學習進步的可能，戴著一副眼鏡擠著雙下巴，拍著肚皮色迷迷地看著來來往往的女孩！大腹便便的中年男人。

我從一個故事說起：

美國有一位，叫薩利機長。二〇〇九年，他駕駛著一架空中巴士A三二〇，剛起飛，就發生了事故，兩個發動機因為飛鳥的撞擊和激烈的氣流全部報廢，瞬間，飛機完全失控。與此同時，飛機上所有人也都失控了。就在這樣萬分緊急的情況下，薩利機長臨時決定，在紐約哈德遜河面迫降。正是這個舉動，讓全飛機的乘客獲救，飛機上一百五十五人無一人傷亡。

後來，著名導演克林．伊斯威特把這個故事拍成了電影，就是著名的《薩利機長：哈德遜奇蹟》，這位機長當年已經五十七歲了。

在看完這部電影後，我久久不能平靜，不是因為故事曲折，而是感嘆這位五十七歲的機長為什麼還能做這麼高強度的工作：薩利機長曾經在空軍服役多年，專門負責調查飛機事故，還受過水上飛機的訓練。加入空軍之前，他已經獲得了科學、心理學的學士學位和行政學的碩士學位。

這次事故後，他參加了許多電視節目，還出了一本暢銷書，都表達著一個觀點：雖然自己是個年過半百的人，但他熱愛學習，喜歡挑戰，嗜好讀書。

類似的故事，也發生在另一位機長泰咪身上，這是一位五十六歲的女性機長，二〇一八年四月十七日，西南航空公司的一架客機從紐約飛往拉斯維加斯時，引擎突然爆炸。泰咪當機立斷，用一個發動機又飛了四十多分鐘，然後迫降。最後，只有一名乘客死亡，七人受傷，事後，許多乘客都對機長表示了感謝。

不知道各位是否發現，這些本該退休的老年人，卻一直在一線奮戰，每天除了工作，還在進步，在遇到意外時，他們利用自己扎實的學識和豐富的經驗，度過了一次次危機。

再講我的一個遠房親戚，今年剛好也是五十六歲，他在一所私立學校工作了三十年，從四十歲起，就過上了每天一模一樣的日子：早上晃晃悠悠地去轉轉，起晚了就乾脆不去，然後回到家看電視，晚上和幾個朋友喝酒，桌子上滿滿的花生米和油膩的食物。他每天最有自豪感的時刻，就是偶遇一個晚輩。這種跟晚輩溝通的時刻，與其說是溝通，不如說是吹牛。

那些過去的輝煌瞬間，在他一次又一次的吹噓下，早已暗淡無光，但他還是不厭其煩地賣弄著。

有一次我忍無可忍了，就問他：「你怎麼不工作啊？」

他說：「我都一大把年紀了……」

有時候我會想，他的餘生使命，是不是就是為了把那幾個故事傳播給更多人知道呢？

2

我忽然想到一句老掉牙的話，有些人活到二十歲就死了，只不過到了八十歲才埋葬。仔細一看，身邊有多少人都是這麼過的。

他們到了一個年紀，就開始倚老賣老，除了年紀，沒有任何值得年輕人尊重的地方。

這些年，我很怕暴露自己的年紀，因為每次說自己是九〇後，總有些中年人開始用自己那套價值觀跟我傳教。那些言論有時候蒼白無力，甚至凸顯出無知。

有一次，跟我父親參加一場聚會，一個四十多歲的中年人知道我的年齡後，立刻變了個樣子，開始跟我傳教人生觀、價值觀。

過了許久，我抬起頭問：「您說完了嗎？」

他有些驚訝，因為那是我晚上說的第一句話，於是，他驚訝地回了一句：「差不多了。」

我說：「那您把嘴巴擦擦，嘴巴上有菜葉。」桌上的人都笑了。

我一直很喜歡美國的一部電影——《高年級實習生》，故事裡一個年近七十歲的老先生，名叫班，因無法忍受晚年的孤獨寂寞，決定重返職場，成為年輕的創業者茱兒手下的一名實習生。他知道自己不熟悉線上交易，更不懂網路公司的營運邏輯，所以，他每天來得早，走得晚，不懂就學，不會就問。

不久，他成為全公司的紅人。大家從開始抵制他，後來接受他，最後都向他學習。從電影開始到結束，我一直沒有感覺到班是一個老人，因為總在進步的人，從來不會老。

3

一次我搭 Uber 去開會，司機是一位老人，頭髮斑白，大約五十多歲，他笑容滿面地跟我打了招呼。

在路上，我困惑地問他：「您專職開車？」

老人說：「我正職是在一家德資外商工作。」

我以為是家庭困難，才被迫這麼大年紀還出來兼職，可是接下來的談話，讓我大吃一驚。

老人說，這是他第一天開 Uber，就想試試這 App 怎麼用，總聽孩子說坐 Uber 方便，就怕不安全，於是乾脆自己來試試。

說完，他還笑著跟我吹牛，他現在是 APP 小達人，同事不知道吃什麼，都看他在網路推薦；他們不知道怎麼打掃環境，也是他幫同事預約到府清潔人員，連安裝書櫃、沙發的 APP 都是他推薦的。

老人謙虛地說：「我啊，就是喜歡想東想西。」

我說：「您不是想東想西，是喜歡學習。」

從外表上看，他是個老人，可是當你仔細想，他不僅不老，還有著青春無限的靈魂。

我經常在網上看ＴＥＤ演講，看得越多，就越注意到一個現象：美國的觀眾，幾乎都是中年人，而中國的觀眾，卻是年輕人居多。

那中年人都在哪兒學習呢？答案是，我們有許多中年人，已經步入了不學習的油膩階段，而正是這樣的不求改變，才讓他們真正成為中年人或老年人。

最後，我想聊聊老的定義。黃忠七十不服老，帶兵作戰，屢建戰功。廉頗老矣，尚能飯否？年歲抵不過時間，但心態和心境可打敗時間，追求永恆。

在寫這篇文章時，我也快三十歲了，有時候我會翻看之前的文章，欣慰那時的自己是一個願意奔跑的少年。我想，隨著年紀越來越大，或許也會面臨一個問題：跑不動了。但至少，我要做到不讓自己停下來，只要還在往前走，哪怕走得慢，也要告訴自己，不能停。

時光能讓我們變成中年人，但只有我們能決定是否油膩；時光能讓我們白頭，但只有自己能決定是否要前行。

這句話看起來很雞湯，但仔細看看身邊的人，那些選擇終身學習、終身都在受益的人，你還能說什麼呢？

請保持收回善良的權利

「我們應該善良，也應該持續善良，但你要明白，你的善良即使沒有價格，也應該有價值，不能被踐踏。」

1

有一天看到一則新聞，很震撼：

一個富豪花了兩億贈送別墅給鄉里，別墅裡各種配套齊全，然而別墅卻接二連三地遭到惡意破壞。本村的村民提出，按照原登記戶數，不能滿足要求，還有人要求自己的兒子也要多分一套，就連戶口早已遷出的村民也聯名要分房。

於是，本是扶貧的善舉，卻讓村民產生了矛盾，最後，房屋遭到破壞。據悉，現在這個專案已經停止了。有人說富豪是為了投資，有人說是為了賺錢，但我要說的不是這些，我要說的，比這個要大得多：我要談談，什麼是善良。

2

小時候遇過一個乞丐，那年我上初一，手上拿著五元兩角，一張五元，一張兩角，路過那個乞丐時，我想起父母教育我要善良。於是，我彎下身子，遞給了他一張綠色的兩角。那時的兩角，對我來說是一筆鉅款，因為我可以用它在體育課後買一袋解渴的冰水。可是那位乞丐愣了一會兒，竟然沒有感謝，而是指了指我手上的五元，說：「你為什麼不把那張給我？」

這句話讓我尷尬地呆在那兒。此時，我看了看胸前的紅領巾和周圍圍觀的同學，忽然臉紅辣辣的，感覺自己不好意思，就像做錯了事一樣，於是，我再次彎下了腰：把那兩角拿回來。

3

後來我把這件事情對我的老師講，我說：「我覺得他認為我的善良不值錢，可以隨意濫用，所以，我這樣做對嗎？」

老師對我說了一句話：「以後遇到要錢的給點飯；遇到要飯的給點錢。」

這句話給了我很深刻的啟發，他還告訴我，你要明白，你的善良一定要有成本。

4

類似的故事發生在二〇一六年過年，我和姐姐、姐夫在朝陽公園抓娃娃，那天運氣好，我們抓了一堆娃娃。

我抱著滿懷的娃娃看著我姐繼續神勇地抓，這時，一個抱著孩子的媽媽走來，他們盯著我姐姐和我，準確來說，是渴望地看著我姐手上的兩個娃娃。

姐姐笑了笑，遞過去一個小娃娃。

孩子抓著娃娃，又看了看我姐姐，竟然哭了，喊叫著：「太小了！我要大的！」

結果那個媽媽做了一件幾乎把我嚇到的事：她竟然伸手搶姐姐懷抱裡的那個大娃娃。

我很少看到我姐生氣，但那天，她還真生氣了。她義正詞嚴地說：「大姐，我給您東西不是您應該得到的，您一句謝謝都不說，還要搶我的東西，我覺得不對吧。」

聽完姐姐這番話，那個媽媽竟然頭也不回地走了。

5

我很擔心這件事會讓姐姐受挫，一路上我都在安慰她：「別放心上，這都是少數人。」

當我們路過一個十字路口時，她還是笑著給另一個孩子塞過去一個娃娃，孩子很高興，孩子的媽媽在一旁一直笑著說：「快，謝謝阿姨。」

我姐笑著說：「叫姐姐就好。」

我知道，她沒受到影響。

這就是我對善良的理解：我們要善良，**永遠不要因為一兩個傷害我們的人，而放棄這世界最美好的品質**。

就比如你遇到一個摔倒的老太太，把她送進了醫院，但她訛了你，下次你還扶不扶？

我的選擇是，當然扶，但我要看看，是不是之前那個老太太。

那有人問，如果又被訛了呢？第三次呢？你扶不扶？

我還是會扶，但我要看看，是不是之前那兩個老太太。

我們不能因為個體的惡，就放棄整體的善。

所以，我們的善良，應該堅強，應該持久，哪怕曾經受過傷。

6

你的善良，應該有成本，善良不是廉價的，不是一文不值的，更不能討價還價。我們應該善良，也應該持續善良，但你要明白，你的善良即使沒有價格，也應該有價值，不能被踐踏。

所以，我想告訴你：你需行善，但同時要保持收回善良的權利，尤其是，當你遇到貪婪和邪惡時。

我們可以被磨平稜角，
但是不能變成自己曾經不喜歡的模樣，
更不能忘記
曾經想讓自己變好一點的夢想。

PART 3

永遠為生活埋下彩蛋

如果說生活有意義，就在於生活裡有彩蛋。彩蛋，能燃起生命的溫度。

比如，某天下班後你去吃一頓超辣的菜，去一個沒去過的地方待一段時間，去見一個沒見過的人，看一本一直想讀的書，一個人看一部沒看過的電影……

這一段段不同的體驗，都會燃起你對世界的熱情，有了這些熱情，人才不容易老。

留白才能找到幸福感

「忽然，我明白了，幸福來自生活中的彩蛋，來自生活的留白。」

1

朋友前段時間得了很嚴重的憂鬱症，原因很簡單，畢業被分配到很偏遠的山區，交通不便，無人溝通，工作不順，無處發洩。用他的話說，就是那個地方除了鳥叫什麼也沒有：網速慢，服務差，沒有娛樂，最重要的是，那裡沒有朋友，沒有家人。

一開始他還能透過電話和朋友、家人抱怨兩句，久而久之，他發現根本解決不了問題，他的想法是離開，可是簽了三年合約，走了要賠償一大筆違約金。既然解決不了，最後索性電話也不想打了，手機長期關機、停機，回簡訊速度慢，通訊軟體幾乎不用。

一個人在單身宿舍裡胡思亂想，整夜整夜地失眠，意志力越來越差，精神也不好，工作效率低，第二天繼續失眠，慢慢地就得了憂鬱症。

他開始寡言少語，也很少出去運動，蓬頭垢面，生活一塌糊塗，這樣過了很久。一個月前，他合約到期，從單位辭職，決定到北京。我們很開心，畢竟三年不見，於是喝了好多酒，大家聊著聊著，我發現他的變化很大，不聽別人講話，不停地講著自己想講的內容，一小時的工夫，他已經抽了一包菸。

他一杯杯地喝酒，最後開始失控，瘋狂地砸了桌上的碗筷，一件件地全部砸碎。他塊頭大，我們很難控制，好在我們人多，一起把他送進了賓館。

第二天，他睡醒了，問我昨天發生了什麼。我說：「沒什麼，你不過是壓力太大了，昨天沒事吧。」

其實說這話時我特別想打他，因為昨天賠了好多錢。他笑著說：「不好意思啊，龍哥，昨天完全沒意識了。」

當天晚上，我們去KTV，他再次喝多了，抽完了一包菸，同樣的事情又發生了，他和警衛發生了口角，接著又砸了別人的杯子和盤子。

把他抬出來的時候，我們焦頭爛額，賠光了身上所有的錢，我看著他，突然感覺很陌生，這還是我認識的那個朋友嗎？

我們學生時代就認識，他處世得體，為人積極，喜歡讀書寫字，英文又好，我們時常互相鼓勵，為了未來的生活去努力奮鬥。可是，到底發生了什麼，讓他變成了這樣狂躁不堪的性格？

想到這裡時，他在地上又撒潑喊著：「菸呢？」

我才發現，他又抽完了第二包。

次日，他起床在群裡發了一條訊息：「昨天我做了什麼？對不起大家，我又斷片了，還有，我怎麼在賓館裡啊？」

後來，我才知道，自從他自由後，這樣的舉動不是一兩次了。

一天早上，他告訴了我答案：「龍哥，在那個小地方壓抑了三年，不得志，沒人說話，沒處發洩，壓抑太久，太痛苦了，現在好不容易走出來，我根本控制不住自己內心深處瘋狂的吶喊，就總做出格的事情。如果當時能很好地處理情緒，現在可能會好很多。」

我感受到了他的痛苦，也感受到了他從一個極端到了另一個極端的性格，他的生活從憂鬱症走到了躁鬱症。

我忽然開始思考，生活在極端的狀態裡帶來的結果到底是什麼？我們要如何給這樣的生活一個出路？

2

前段時間，我去了日本，發現走在路上的日本人臉上沒有笑容，地鐵裡從來沒有人說話，上電梯都是左行。剛去東京的時候，我感嘆這裡的人水準真高，竟然很難和侵略中國的日軍聯繫在一起。

不僅這樣，他們和朋友分別時還要不停地鞠躬。他們長期加班，回家很晚。東京房價貴得一塌糊塗，妻子一般在家不工作，沒收入，辦公室更沒人講話，不能在大街上抽菸，還動不動海嘯地震，他們的人性受到極大的壓抑。

只有到了晚上，路邊的居酒屋裡，能聽到他們放聲地唱著歌，罵著人，嘶吼著。他們喝多後，衝出居酒屋，脫掉西裝，幾個人勾肩搭背在街邊小便，比賽看誰尿得遠，這一切就發生在馬路邊，眾目睽睽之下。

我忽然明白為什麼日本人在二戰時做出那些傷天害理的事情了：長期壓抑後的忽然爆發。這種爆發，要不朝外，要不朝內。朝外，變成了侵略，變成了砸別人東西，變成了傷害別人；而朝內，變成了自殘、自殺。

這就是為什麼日本人自殺率在全世界排第一，從一九九九年開始，日本每年因自殺身亡的人數超過三萬，二〇〇三年更是達到歷史的最高峰：三四四二七人。尤其令人擔憂的是，日本青少年的自殺率呈大幅上升趨勢，十九歲以下青少年自殺率每年以二十五％左右的速度增長，數據令人驚恐。

後來我去富士山，看到一個照相景點，上面寫了一句日語。

我問朋友這是什麼意思。他說：「不要自殺。」

我當時笑了，說：「難道有很多人在這裡自殺嗎？」

他說：「那可不。」

我忽然明白，長期過分壓抑地生活，最後的結果，就是讓人從一個極端走向另一個極端，在極端中慢慢地終結自己的生命。

生活把人逼到絕境，而我們能做點什麼呢？

其實答案很簡單：「要學會為生活留白，留下彩蛋。」

讀軍校時，我患了輕度憂鬱，晚上睡不著，第二天又要早起操練學習，長此以往，讓我疲憊不堪。

那是段難忘的日子，因為每天晚上都強迫自己睡著。可是，越強迫越睡不著，明明很累卻無法入睡。第二天還有學習，晚上再失眠，久而久之，人就開始崩潰了。

現在回想起來，我很幸運，那時我講給一位學長聽，學長告訴我：「誰年輕時沒有幾晚失眠。」

第二天，他拉著我去跑步。我們圍著操場跑了二十多圈，跑到衣服濕透了，跑到倒在操場上。忽然，我莫名其妙爆發了一陣笑聲，把學長笑得毛骨悚然。

他問我怎麼了，我說：「沒什麼，就是爽！」

當晚，我睡著了，雖然睡得很晚。第二天，我開始正常上課。

學長又帶我去廣播站，那是我們學校唯一有女生的地方，我在那裡認識了幾個學姐，聊了好半天。晚上我開始去圖書館看書，努力找朋友聊天，跟兄弟吃飯，發簡訊給女生。幾天後，我能睡了，也不再憂鬱了，開始積極地生活。

當生活把一個人逼到角落時，你唯一能做的就是憤然反擊，為自己留下一絲自由的時光，讓自己去積極地面對它。其實有很多辦法，都能讓自己的生活找回光芒。

比如在課業學習壓力極大的時候，你可以找個沒人的地方，把音樂開到最大聲，用力喊出來。

比如在工作壓力太大的時候，你可以找個能說上話的朋友小酌一番，把所有的事情全部講出來。

同理可證為什麼許多孩子放假回家第一天，父母很開心，第二天，父母還能忍耐，但一星期、一個月後，爭吵就開始了。因為，生活又被逼到了一個極端，一個重複卻不舒適的極端，那你需要怎麼做？

答案很簡單，為生活加點料，比如早上幫爸媽做頓飯；比如晚上睡覺前在父母枕頭下面放一封信，上面寫著三個字：沒錢了（如果你父母不打你的話）。

為生活加點料，能為平淡無聊的生活添上調味。畢竟，每個人都想讓日子有滋有味。誰也不想天天吃白米飯，吃到最後，看到鹽就想使勁往嘴裡扒，從一個極端到另一個極端，人不是缺碘就是鹹死。

4

我剛開始理解這個道理的時候，才工作不久。每天都加班，上十小時課，上完課回到家，寫寫東西就睡了。我曾經寫過一篇文章〈最好的休息，不是睡覺〉，說的就是我那個時候的狀態。我相信最好的休息是切換大腦，人分為左半腦和右半腦，一半負責創造，一半負責重複，重複的用累了，可以用創造的那邊，都累了，還可以跑步，透過運動讓自己興奮。

的確，這樣很節省時間，一年裡，我進步超級快。不僅看了很多書，上課的品質也提升了不少，工作效率高，收入也有了很大的改觀。可是問題來了：我一點兒也不幸福。

我的生活變得只剩工作，沒有時間社交，好不容易交了女朋友，談了不到一年就分手了，許多朋友多年連電話都不打一個。

忽然我發現，生活把我推到了一個只會工作不懂生活的極端，我開始發問，我該怎麼找到幸福？

後來，一天早上，我打開自己的筆記本，上面滿滿的計畫都畫滿了已經完成的黑線。我忽然明白，之所以不開心，是每天都在計畫裡，生活中少了驚喜，那些期待的喜悅慢慢地消失了，而那些不可控、不確定的東西，正是能讓你幸福的因素。

於是，我開始每天晚上九點到十一點不安排事情，而是去見一個好久沒見的朋友，赴一場沒去過的約，讀一本沒看過的書，吃一頓不顧身材的夜宵，看一部一直想看的電影，寫一些從來沒寫過的文字。

久而久之，我的幸福感回來了。

忽然，我明白了，幸福來自生活中的彩蛋，來自生活的留白。

有一部電影叫《艾蜜莉的異想世界》，艾蜜莉從小就意識到，生命就是這樣：在你意識到它註定無意義時，要賦予它更多的樂趣。於是她開始尋找這些樂趣：比如把手插入豆子中，比如去找自己家牆壁縫隙裡二十年前的鉛筆盒的主人……

彩蛋是這個世界上很有趣的東西。就好比人生如果有兩條路，你走了那條沒什麼人走的小路，你開了個小差，走了幾年，回首往事時，卻發現，其實路本身就應該這麼走。這些路，竟然成了自己的生命。

這些東西，外人看像是理所當然，但其實這些都是我生命中開的小差。但和任何事一樣，只要做就要做絕，要不然就不要去做。要開小差就要開好，什麼都嘗試一點，沒有深入，到頭來，你根本不是什麼滿漢全席，而只是一碗麻辣燙。

人為什麼要有儀式感

有時候我們需要去觸碰生活中更堅硬的東西，因為反彈回來的，就是堅硬的自己。同樣，你要多去觸碰生活中美好的東西，反彈回來的，也是生活的美好。

1

說到儀式感，我覺得這是個很有趣的詞，這個詞也就是這些年才有的。因為過去，有些人一輩子都沒有儀式感，也活得沒什麼問題。但你仔細觀察，身邊的強者，幾乎都有自己的儀式感。

熟悉我的朋友，知道我幾乎每場演講和簽書會，都穿一件小背心，無論多熱，都是那一件，只是從前年的灰色背心變成了如今的黑色背心，因為灰色已經遮擋不了我油膩的身材。

為了每場活動都能穿上這件小背心，同一款式我買了好幾件。

為什麼要穿背心呢？一開始我也不確定。後來有一次，我脫掉了背心，果然，我就開始莫名的緊張，總覺得好多事情都變得陌生：現場開始陌生，觀眾開始陌生，連我講的內容也開始陌生。講著講著，我就崩潰了。

那場演講十分糟糕，後來我總結才知道，當你進入了一個陌生場合，如果不去找一件或者兩件熟悉的事物，就會一直緊張下去。

一開始我以為自己是特例，後來問了幾個作家和演講家，他們對待緊張的方法裡也都有自己的儀式感。比如他們會在現場尋找一個熟悉的東西，或者先講一個講過很多遍的段子，或者把目光集中在一個熟悉的人身上，然後再自由發揮，效果往往更好。

後來，我逐漸明白，所有的高手，都有自己的儀式感。《刺激一九九五》的作者史蒂芬．金每次寫作時，都會在自己的辦公室。他辦公室裡的每樣東西都不能亂動，連擺放順序都不能變，這樣固定的儀式感，讓他一下筆，就能瞬間進入狀態。

帕華洛帝在上台前，不管在哪一座劇院演出，都會在地上尋找一枚彎頭的釘子，如果主辦方沒有準備，無論多高的報酬他都不會去。

范．海倫的主唱大衛．李．羅斯在每次演唱會前，都會要主辦方在後台放一碗M&M巧克力，並且要求主辦方把棕色的巧克力挑出來。如果沒有巧克力，或者看到了棕色巧克力，他就會當場取消演唱會。

這世界上所有的高手，在面對自己擅長的專業時，都會表現出自己的儀式感，而且都顯得十分矯情。說是矯情，其實是對自己專業和領域的尊敬，這種尊敬才讓他們成為高手。

2

其實不僅是工作，生活也一樣，要多一些尊重，多一些儀式感。

讀書時曾經讀過犬儒主義的故事：古希臘有一個哲學家叫第歐根尼。他提出一種理念，認為人在這個世界上不需要太多東西，也不用那麼多雄心壯志，可以像狗一樣活著。

有一次亞歷山大大帝去見第歐根尼，發現他正縮在一個大甕裡。

亞歷山大問：「有什麼我能幫助你的嗎？」

第歐根尼說：「請別擋住我的陽光。」

我個人是反對犬儒主義思想的，因為一個人活在世上，不能僅僅讓自己處於一種原始的舒適狀態。因為人這一輩子很長，而快樂的時光很短。所以生活裡，我們應該為自己多一些期待，多一些美好，多一些意義。

法蘭克在他的著作《意義的呼喚》裡說：當他們被關進納粹集中營時，竟然有一批人，每天不抱怨、指責、尋死，相反，他們用豬油擦亮皮鞋，用玻璃片刮掉鬍子，他們想辦法維持日常生活裡的儀式感，最後這些人竟然都活了下來。

《小王子》裡曾經說過：它讓某一天不同於其他日子，某一個時刻不同於其他時刻。而人就是發現每時每刻生活的不同，從而發現了生命的精彩。

有儀式感的人會認真對待生活，他們為生命埋下彩蛋，他們不願意循規蹈矩、重複地過著每一天，他們尊重生活，生活也會給予他們回報。

3

認真對待生活的人，生活至少不會霸凌他。

我在上課時發現了一個現象，兩個學生同時聽一門網路課，一個穿好鞋子和衣服，認真地坐在圖書館；一個穿著拖鞋，蓬頭垢面地待在宿舍。一個戴好眼鏡聽直播，一個睡眼朦朧刷著重播；一個認真記筆記，一個點擊著倍速播放。長此以往，你就會發現，前者比後者要優秀很多。

一開始我不太明白為什麼，久而久之我就懂了，這無非取決於你怎麼對待這件事。你認真對待，這件事的回饋就是正向的。相反，你不認真對待，這件事也會糊弄你。

有時候我們需要去觸碰生活中更堅硬的東西，因為反彈回來的，就是堅硬的自己。同樣，你要多去觸碰生活中美好的東西，反彈回來的，也是生活的美好。

這句話聽起來很雞湯，很多人會說，我窮得連飯都吃不起了，還和我談什麼美好，還和我說什麼儀式感？

首先，我不太相信你窮得連飯都吃不起，就算你真的連飯也吃不起，少了儀式感的生活，只會讓你變成一個靈魂和肉體都饑餓的人。

4

最後，我分享一個故事。

我的一位朋友在大學期間，花光所有積蓄買了一部照相機，因此，他饑寒交迫。出生在農村家庭的他，在北京勉強找了一份工作，每天朝八晚五，還要加班。我時常看到他早上七點貼文，也許是一張北京人來人往或者地鐵裡擁擠人群的照片，從他的照片裡，我總能感覺到他生活的不易。

他在一家公司的人力資源部做助理，剛開始幾個月，交了房租，連飯都吃不起。二〇一二年，我曾經勸他回家，告訴他北京不適合他，因為他活成這樣太難了。但他總說再等等。

和他見面的幾次，他每次都帶著那部相機。顯然從外形看，相機已經大修過好多次，小修過無數次。但每次離別前，他都跟我說：「你坐好，我給你拍張照片。」

後來我才知道，無論生活多麼艱難，他一直帶著那部相機，走著、拍著，停著、拍著，跑著、拍著。每次他拿出相機的時候，眼睛裡總是透著光，那些小小的儀式感，讓他在這座城市裡看到了希望。

二〇一五年，他拍的一張人像得了國際攝影大賽的一等獎，獎金是人民幣三十萬。終於，他逆襲了。

他拿到獎金的時候，我們幾個好朋友在大排檔喝得酩酊大醉。我把他幫我拍的所有照片拼接了起來，對他說：「你看，我這是不是也能得獎？畢竟模特兒好看。」

他笑了笑，忽然哭了，他哭著說自己運氣太好了。但瞭解他的人都知道，他哪是什麼運氣好，是因為他每天的努力和充滿堅持的儀式感，終於，他被世界溫柔相待了。我想，這些溫柔相待的結果，不過是早晚的事情。

世界才不會辜負那些尊重自己生命、充滿儀式感的人呢。

成就你或者毀掉你的，都是那些小事

有時候，我們總以為那些小事是雞毛蒜皮，但沒想到的是，一旦這些事情隨著時間的推移被放大，就成了大麻煩。

1

我在讀高中時，班上同學最喜歡說的一句就是：「那又怎麼樣呢？」我很討厭這句話，其實，認真生活的人都很討厭這句話。

比如誰說自己報了補習班，誰開始學音樂、打籃球，誰下課去問老師問題，你聽到最多的話，就是另一群人冷嘲熱諷或者不在意地說：「那又怎麼樣呢？」

一開始，也有很多同學附和：「是啊，那又怎麼樣呢？」

果然，一兩天，確實沒有怎麼樣。可是，一個月後，一年後，還真就怎麼樣了，那些怎麼樣還真的挺有模有樣。

高二時，我記得班上有個同學，因為來不及把古箏背回家只好帶來教室時，許多同學笑著。這些笑聲一直持續了兩年，說著「那又怎麼樣呢」，直到這個同學後來考上了中央音樂學院。

我還記得一個個子不高的同學，每天晚上在操場練習投籃，被更多人說著「那又怎麼樣呢」，直到人家成了學校籃球隊的主力，進入了省隊，現在代表省打球。我不想舉那麼多例子，這顯得很雞湯。但的確，我從小到大最討厭的句子之一，就是那句「那又怎麼樣呢」。

一個人一旦有了這種想法，離頹廢就不遠了。因為他開始不重視小事，不認為小事可以改變人的一生。而把一個人毀掉，讓一個人迅速進入犬儒主義的狀態，不在乎一切，還批判別人，最簡單的方式就是在他最年輕的日子裡，植入這個思想：「那又怎麼樣呢？」

2

我的朋友宋方金老師有個特點，吃飯從來不遲到。有一次我和他約在了最塞的朝陽公園，還約了下午六點半，我下午五點出發，堵了一小時後，終於在六點半準時到了。

推開餐廳的門，他已經坐在裡面，蹺著二郎腿等著大家。當然，那天就我們倆沒遲到。

所有人見面第一句話都是：「不好意思，太塞了。」

宋老師斜了他們一眼，說：「那你不會早點兒出門啊！」

對方不好意思地笑了笑。

和他認識這麼久，從來沒見過他遲到，因為吃飯對他來說，就是一件充滿儀式感的事情，說幾點到，就幾點到。他有一句話：「我們這輩子只有今天一個夜晚，我們甚至沒法給我們的家人，只能給彼此，這麼珍貴的一個夜晚為什麼要遲到呢？」

後來我才知道，那天，他怕堵車，四點多就出門了。

我還知道，如果吃飯的地方很遠、很堵，他都會提前做好功課、叫好車，算好路上的時間，總之，他就是不遲到。

所以，電影圈的人都喜歡參加他的局，因為他的局永遠是體面的、尊重每個人的、有儀式感的。

同樣的事情也發生在課堂上。我上課時經常會問大家這個詞是什麼意思，有人回答得出來，有人回答不出來。

你總能發現那些人不屑一顧的樣子又來了：「回答出來還不是在上課？知道這個單字一定能過嗎？不知道又能怎麼樣呢？」

是啊，不知道確實不能怎麼樣。

可是你是否想過，如果每個問題你都這麼對待呢？如果每個單字你都這麼輕視呢？如果每個知識點你都這麼認為呢？如果每件小事你都這麼思考呢？

遇到大事時，遇到轉捩點時，遇到改變命運的決定時，你真以為你會打得過自己長期養成的輕率習慣嗎？人十分容易忽略小事，也總不願意在小事上追求卓越，久而久之，將就慣了，想要講究也就難了。

許多人說著「那又怎麼樣呢」時都忘了，小事是容易在時間的長河裡孵化成大事的。

我們的生活是由一個個日子組成，日子又是由一件件小事構成，未來由一個個今天合成，你可以不相信任何事情，但你不能不相信因果。

尤其是當你決定做一件大事時，一定要記住，所有偉大的事情，都取決於一些小事，取決於你對一件小事的態度。

我記得，我們剛開始籌畫超級劇集《刺》的時候，總製片人蕭霄做了第一張海報發到群組，誰也沒想到，製片人楊燁和監製宋方金勃然大怒，他們在群組裡發飆很久。我剛做完簽書會，看了群組發生的事情，還以為團隊要解散呢。

我連忙給宋方金老師打了個電話，讓他消消氣，問他：「你幹嘛生這麼大的氣，不就一張海報嗎？」

他說：「如果製作團隊連一張海報都不重視，都做得這麼糟糕，怎麼可能製作出一部好的劇呢？」

我想起一位作家老師講過的話：「你永遠不要以為一件小事不重要，一部作品拚到最後，都是小事，小到每個字，每道情節，每行金句，每段話，每篇文章。」

4

一九六三年，美國氣象學家愛德華．羅倫茲在紐約科學院的論文裡第一次提到了一個效應：蝴蝶效應。

這是指一隻南美洲亞馬遜河流域熱帶雨林中的蝴蝶，偶爾搧動幾下翅膀，可以在兩周以後引起美國德州的一場龍捲風。

這樣的例子很多，比如一滴很小的水滴，如果在雪坡上向下滾動，會慢慢形成雪球，最後雪球會越滾越大，甚至引發雪崩。

有一首民謠這麼寫：

因為少了一枚釘子，而掉了一塊馬蹄鐵，掉了一塊馬蹄鐵就瘸了一匹戰馬，瘸了一匹戰馬就摔死了一個騎士，摔死了一個騎士就丟了一份情報，丟了一份情報就輸了一場戰爭，輸了一場戰爭就亡了一個國家。

你會發現，許多大的事情歸根結蒂，都是一件小事。

當你把這套理論用到生活裡，你也會發現這樣的例子比比皆是。有一次，我幫表弟輔導家庭作業，表弟的學習成績很好，自尊心也強，但我看他的數學題錯題都是同一個錯誤，於是我放下作業問他：「弟弟，一百減十五等於多少？」

他不假思索地說：「等於七十五。」

其實你問許多人這個問題，不少人給出的答案都是七十五。因為每次上課，我都會問班上的學生：「十五％是打幾折？」

許多人都會很高興地告訴我，是七五折。但我們仔細算一下都知道，是八五折。

那天，我告訴表弟：「是八十五，你記住了。」

他不耐煩地說：「好的好的！我記住了！」

我盯著他：「你為什麼不重視呢？」

他說了那句我最煩的話：「不就是個小錯誤嘛，那又怎麼樣呢？」

我把作業直接甩了出來，把他錯的那些題目拿給他看，他幾乎都錯在了這個地方，也就是說，他的大腦裡就是沒有通過這個小關。

他啞口無言，默默地改正了。

有時候，我們總以為那些小事是雞毛蒜皮，但沒想到的是，一旦這些事情隨著時間的推移被放大，就成了大麻煩。

所以，你一定要警惕自己對小事的忽略。比如一個人早上不愛刷牙，你想想十年後呢？比如一個人早上從不吃飯，你想想二十年後呢？比如一個人從來不讀書，你想想人到中年呢？比如一個人總說那些負能量的話，許多日子之後呢？

人一站在時間的長河上，許多小事就會被放大，變成大事。有些事情一旦養成了習慣，更改起來就更麻煩了。

《習慣的力量》裡說：一個明顯的習慣，往往是從一個看上去微不足道的小習慣開始改變的。無論是好習慣，還是壞習慣。

我的一位學生，曾經每天晚上伴隨著一套英語聽力入眠，堅持了半年後，他一聽到英語就想睡，還問我：「為什麼我這麼刻苦，每天都練習英語聽力，能力卻沒提高多少，現在還有了催眠的功效？」

我說：「其實你的努力、堅持都對，就是沒有注意到這個細節：你不能用這個時間段聽啊，這麼聽不就養成條件反射了嗎？」

他很鬱悶，問我怎麼辦。我告訴他去自習室或者圖書館，從今天開始，每天用最清醒的時間去訓練，這麼堅持一下再試試。

他撓了撓頭：「我還有救吧？」

我安慰他說：「我還見過每天吃飯時練聽力的呢。後來一聽到聽力就餓了。」

所以，我經常讓身邊的朋友重視細節，僅僅想告訴他們，我們是一個厲害的團隊，或許我們沒有別人聰明，但一定要比別人踏實。人可以不在乎那些小事，但永遠不要忘了，**時間是一個可怕的東西，它能放大那些曾經不起眼的小習慣，無論是好的還是壞的，而這些習慣，可能會決定自己的命運。**

6

當然你可能會說，如果人每天都在乎每一件小事，生活會不會太累了？會，但習慣了也就不累了。

所以，在文章結尾，我想強調兩件事：

第一，是否需要重視小事取決於你想成為一個什麼樣的人。

第二，可以這麼要求自己，但沒必要要求別人。

有一次我在酒店的大廳和幾個朋友聊天聊到了秦始皇，我們正聊得投入時，一位朋友竟然張口說了句令我瞠目結舌的話：「秦始皇是誰？」

朋友今年三十一歲，後來我們才發現，他確實不認識秦始皇，他沒讀過書，也沒學過歷史，甚至不怎麼看電視，他住在村子裡，每天靠釘鞋維持生活。

一開始，大家嘲笑他不知道秦始皇，後來他說，「不知道的人多了，又不是只有我一個！」後來我一想，還真是，那些不知道秦始皇的，不讀書，不學習歷史的，不反省未來的，他們也生活得好好的啊，也能這麼開心地過每一天啊！我們需要學習，我們需要讀書，但不是每個人都需要知道這一切，或許，他就願意成為這樣一個什麼都不用知道的人，這輩子也能這麼過下去，又能怎麼樣呢？所以，這一切，完全取決於你想成為一個什麼樣的人。

那天，我的好朋友問我：「龍哥，為什麼你不跟他說一些讀書很重要之類的話幫助他，至少讓他認識一下秦始皇啊！」

我說：「我很想，但這和我們無關，對吧？」

他想了想：「但我們不能成為這樣的人，對吧。」

我說：「我們永遠不會。」

任何創作的捷徑都在通向死亡

「無論做什麼，都要做到最好，無論你走得多慢，都不要停下來，無論路途多麼遙遠，都不要去走那該死的捷徑。」

1

我有一個學生，剛來到北京，連續兩年考研究所都失敗，不免開始迷惘，要繼續考試，還是找工作。他做事很慢，從來不著急，在這座車水馬龍的大都市裡顯得格格不入。我和他每次見面，他總是很磨蹭，有時可以遲到一小時。

逐漸，我知道了他的毛病，和許多人一樣：拖延症。

我經常跟他說：「你為什麼不去試試找份工作呢？」

他說：「我怕找不到。」

我說：「不試試怎麼知道找不到呢？」

他說：「再等等，不著急。」

就這樣，又是半年過去了。

後來我見到他就罵他，直到他終於決定要去投履歷。在我的狂轟濫炸下，他終於邁出第一步，寫好履歷，然後開始找工作。這件他本該在來北京的第一天就做的事情，足足拖了兩年。

一周後，我再次見到他，問：「你找到工作了嗎？」

他說：「沒有。」

我說：「投履歷了嗎？」

他說：「沒有。」

我問：「為什麼？」

他說：「我看了一篇文章〈慢慢來，一切都來得及〉。」

我不知道這篇文章是誰寫的，在哪裡生活，我只知道，寫這篇文章的作者一定不知道，他的影響力穿過螢幕，影響到了這位學生，讓他以為慢吞吞地生活，在這座大都市裡，是一個正確的決定。

我再舉一個例子。我的一位朋友，大學畢業後也來到北京，找了一份工作，沒有一技之長，又不滿意現在的生活，於是，他決定向我學習，磨練一技之長。

他一開始向我學習的方向是英語，他制定了一套計畫，讓我看了他學習英語的方法，問我對不對。

我仔細端詳了他半天，然後跟他說：「無論你怎麼學，也不能每次翻開書，總是背誦abandon，背完然後就放棄了，這樣你是永遠背不到 B 開頭的單字的。」

他說：「那我應該怎麼做？」

我說：「你應該至少先報個名，參加個考試什麼的，設定一個小目標，然後每天背點單字，朝著這個目標一點一點地進步，就好了。」

走得慢，但不能不走。

他恍然大悟，於是開始了自己背單字的歲月。

一個月後我見到他，這一天正是他考試的前夕，我問他單字背得怎麼樣。

他說：「早就放棄了。」

我驚奇地問為什麼。他笑了笑，拿出一篇文章，標題是「上天有更好的安排」。

我一直不解，為什麼一個人總是開口閉口說上天，為什麼一旦遇到重要事情，總希望靠一股不明白的力量安排自己？就算真有一個偉大的上天幫助你，讓你去中六合彩，但你至少應該自己買一張彩票吧。

我想，寫這篇文章的人也一定沒想到，自己的文字能夠飄過人海，隨著網路，浮現到我的朋友眼前，改變了他的價值觀，從而為他的懶惰找到了理由。

這樣的文字，每天還有很多，在網路的背景下被放大，從雞湯變成了毒雞湯，從毒雞湯變成了毒藥。當你問這些作者，為什麼要這麼寫？他們說這樣流量大啊，點擊率高啊，更可能有廣告啊！

2

朋友圈裡有許多自媒體的作者，也有不少自媒體人，他們每次趕熱點的時候，都格外興奮。趕熱點是自媒體人應該做的事情，但若是沒了底線，只為粉絲量和廣告費，只為十萬加的閱讀量和噱頭，這個行業就沒了生命力，更加沒了靈魂。

從前我們拿著筆，現在我們敲著鍵盤，其實都是為了傳遞我們的思想，傳播我們的價值觀，讓更多的人能看到、聽到我們想的內容。可惜的是，現在越來越少人理解寫字者肩上的使命。

《人類大歷史》的作者哈拉瑞曾經說過：「想像力和虛構，是人類文明的起點，人和動物最大的區別，就是人會講故事，而動物只有語言，沒有複雜故事。」

可是現在，我們把故事講成事故。怎麼譁眾取寵怎麼寫，怎麼挑動情緒怎麼寫，一個傳遞價值觀、傳遞知識的行業，竟然總是用月薪×××萬一門課收入千萬這樣的字眼去增加點擊率，而絲毫不去提及人內心深處的東西，實在是悲哀。有多少自媒體，都在一味追求點擊率，就算沒有點擊率，也要刷出來。數據是上去了，靈魂也丟了，輸局自然也是註定了的。

我曾經在一個飯局上，和好友剽悍一隻貓講過一句話：「好的文字，應該是能打動人的靈魂的作品，而不是字數達到了原創標準，要了打賞，破了十萬點擊就夠了，更不是以渲染情緒、說髒話、造假、抄襲、吸睛為榮。」

他記了下來，而且一直在做，我覺得他做得很好。

我曾經寫過一篇文章——〈放棄無用的社交〉，許多自媒體人一看很熱門，於是照搬了起來。幾天後，我看到了另外一些文章：〈為什麼要放棄無用的社交〉〈放棄無用的社交是什麼體驗？〉。

我寫過〈你只是看起來很努力〉，過了幾天，又看到了一篇文章：〈他們只是看起來不努力〉。

我寫過〈你所謂的穩定，不過是在浪費生命〉，他們又開始寫〈你所謂的穩定，不過是穩定著〉。我仔細看完了這些文章。有篇文章舉了例子，一個女生來到北京，半年後透過努力，升職為這家公司的副總。

我當時看到這段故事，心情久久不能平靜，因為我覺得如果半年成了副總，就只有兩種可能性：第一，這家公司副總很多；第二，這家公司沒多少人，那這家公司可能真的要倒閉了。我替他們感到難過。

我的好朋友詩人兼製片周亞平曾經說過：「藝術來源於生活，高於生活，但不能捏造生活。」

既然是一個傳遞價值觀、傳遞知識的行業，就應該有些責任，有些擔當。好的寫作，不僅要謀生，還要學會真誠。好的文字，不僅需要傳播，更需要傳遞。

3

電視劇《我的前半生》紅了，自媒體人紛紛追逐熱點，有些甚至用於商業和廣告，最後，這些人都收到了法院關於侵權的傳票。我記得當時，連我的一位好朋友在出書的時候，也在標題上寫我的前半生，我氣得打電話罵她，問：「你為什麼要這樣寫，你才二十五歲啊，就開始談前半生？那你這輩子只能活五十歲嗎？」

她十分生氣：「你管我，這樣閱讀量多！」

如果對於一個作者來說，閱讀量多比生命還重要，那這個產業算是完了。我在剛開始寫作的時候，雖然不知道應該怎麼寫，但我一直提醒自己一件事情：你想把這個世界變成什麼樣？或者，你的讀者讀完這篇文章，會變成什麼模樣？會變好嗎？

二〇一〇年，我在上課的時候，一個男生蓬頭垢面地走了過來，對我說：「老師，我想自殺。」

你們要知道，一個總是說自殺的人，是不會自殺的，真正自殺的人都是不吭聲地把事情辦了。

所以，我調侃地說：「你怎麼了？還不快去？」

他忽然哭了，說：「老師，有人欺負我。」

我說：「誰啊，欺負一個男人？」

他說：「我們宿舍的人。我們宿舍有六個人，他們五個人天天打電玩，我是唯一不打電玩的。我早上起來學習，中午回來午休，下午去教室上課，晚上去圖書館看書。他們諷刺我，說我不合群，然後還偷偷藏我東西。老師，我是不是做錯了？」

我當時突然想到了很多，不知道從何說起，因為這就是許多大學生的現狀：你可以和我一起墮落，但不能獨自高飛。

我跟他說：「孩子，我腦子有點亂，你等我回家，給你寫篇文章，你慢慢看。」

於是，我回到家寫了那篇〈你以為你在合群，其實你在浪費青春〉，告訴他：「孩子，孤獨不怕，這世界永遠滿足八〇／二〇法則，二十％的人擁有八十％的財富，八十％的人為二十％的人服務。所以，你要學會在孤獨中前行，讓自己變得更好，成為那少數人。」

孩子看了那篇文章，感動了，說：「老師，寫得太好了，我不想自殺了！」

我欣慰地笑了笑。至少，他不焦慮了，很高興地繼續上路。

當時我很開心，於是把這篇文章發到了網上，可是網路的回應讓我有些意外。後來我才知道，那篇文章的措辭太犀利，甚至有些挑動情緒。

於是在出版的時候，我把那篇文章重新修改，除了觀點沒變，其他的全部翻新。也就是那時，我才明白：在我們寫字的時候，請一定想一想，螢幕那頭是你的讀者，你想為讀者帶來什麼？萬一這篇文章紅了，能量被放大，你想把世界變成什麼樣子？

許多抄襲的作品都是這樣，一開始他們抄得沒人知道，但他們沒想到，自己的作品有一天會突然紅了，會被拍成影視劇。可是，有時候出名不是福，而是詛咒。

不僅錯誤會被放大，當時的瑕疵經過網路的推波助瀾，變成了漏洞，漏洞越滾越多，變成了黑洞。幾乎每個大ＩＰ都牽動著官司和輿論，不是抄襲，就是類抄襲，無非是因為他們當初走了捷徑。

所以，希望每位寫作者明白，所有看似捷徑的道路，都是通向死亡。

這些年，我見證了太多人宴賓客、起高樓，然後賓客散、高樓塌，僅僅是因為他們走了捷徑。所以，我給各位的建議是：「無論做什麼，都要做到最好，無論你走得多慢，都不要停下來，無論路途多麼遙遠，都不要走那該死的捷徑。無論你寫的是網路文學、生活感悟，還是雞湯，都應該嘗試著寫到最好，不留遺憾。」

很多人一直說，李尚龍不就是個寫雞湯的嗎？是的，如果一個人，寫雞湯出了三本書，每本書都賣到百萬冊，其中一些故事還將要被改編成影視作品，說明這樣的雞湯也是有營養的，你要不服，也來寫一本。

寫作不僅需要電腦，需要筆，更需要心。你的文字，如果不能感動自己，想必也就很難打動別人。

4

二〇一六年，我在寫作上有了一個轉型，寫了第一部小說《刺》。這本書講的是校園暴力，提供的是解決方法。如果可以，我希望它能推動大家重視校園暴力，讓我們的孩子減少生活在恐懼中的風險。

這本書的寫作緣起是我的親身經歷。二〇一七年，我辦簽書會，有個孩子小時候出車禍，大腦受損，父親當場死亡。他在單親家庭長大，性格孤僻，不願溝通。在互動問答時，他站起來提問，全校同學爆發出了令人難受的刺耳笑聲，而且，連續笑了三次。我問了校方人員，他們說這個孩子性格孤僻，但喜歡讀書，他不善溝通，講話還有些結巴。於是，總被大家欺負。

那是我第一次在簽書會的現場勃然大怒，回到賓館，我發了一條微博，說這個學校可能存在校園暴力。結果，我被這個學校的學生有組織地攻擊謾罵，說我汙蔑他們的學校，想借著他們學校出名。

我當時十分恐懼，恐懼的不是這些學生能把我怎麼樣，而是沒有一個學生認為那三聲大笑是有問題的，沒有一個人承認這個孩子被校園暴力了。

事後，這個學生私信了我，我才知道，他長期被人欺負，甚至習慣了被欺負。後來，在學校人員的配合下，我們找班導師談話，聯合班級幹部一起保護了這個學生。一個月後，這個學生私信我：「龍哥，自從您關注了我，再也沒人欺負我了。」

對我來說，我很弱小，不可能保護所有人，好在我還有筆可以寫字。那麼，就讓我用筆和更多孤獨的孩子一起並肩作戰吧。

盜用《蜘蛛人》裡的一句話：「能力越大，責任越大。」希望大家能夠記在心裡。但這句話的背後，還有一層意思：「能力越大，破壞力越大。」

就像那些動不動就說多少萬收入的寫作者，是他們讓這個本該傳遞「價值觀」的行業，傳遞著「價格觀」。所以，作者們，你們到底希望把這個世界變成什麼樣？你的文字會如何改變這個世界？還望各位深思。

最後，以宋方金先生《給青年編劇的信》中的兩段話結尾，希望我們再次明白，什麼是故事，什麼是講故事的人，也希望我們用心去寫故事，而不是用小聰明走捷徑：

> 講故事是我們這群人的宿命，也是我們的使命。我們甚至必須抱有更大的野心，給上帝講一個故事，跟他老人家捉迷藏。科學家用數學、物理與化學猜測上帝的頭腦，我們用故事、人物與情感來猜想上帝的心意。這世界絕不是無緣無故，必有一個終極答案以兩種形式分別藏在科學和藝術之中。
>
> 我們追隨在莎士比亞、托爾斯泰、大仲馬等講故事的人身後，跟愛因斯坦、牛頓和霍金這樣的科學家賽跑，看誰能先猜出上帝的答案，來到上帝的面前。我希望我們講故事的這邊能贏。願我們勿忘初心，寫出更好的故事。

忙，但不要窮忙

你需要忙碌，但不要窮忙，不要重複沒意義的忙，你需要的不是埋頭幹活，而是抬頭奮鬥。

1

我到小鎮辦簽書會，等完成了工作，看了看錶，已經十點多。是我平日生活開始的時間。

於是，我和製片人老于走在街頭覓食，街頭一個人也沒有，連車都叫不到。於是，我們打開了搭計程車軟體，上了車，我跟司機說：「去這裡最熱鬧的地方。」

司機看了看我，一句話也沒說，冷漠地開著車。我們警惕地看了看他。

十分鐘後，車輛停在了一條街邊，路邊的攤子還冒著煙，雖然已經沒了客人。我和老于走了過去，那邊正好收攤，吃不成了。

我們繼續走，想找個酒吧或者夜店待一會兒，才發現所有的夜店在那個時候都已經關門了。也不過十一點左右，這座城市竟然已經安靜了下來。

搭計程車回來的路上，我問司機：「為什麼這座城市晚上沒什麼生活？」

司機也很詫異，說：「晚上不睡覺要什麼生活？」

第二天，我起了個大早，站在街頭，才恍然發現，這座城市，沒什麼年輕人，幾乎都是中老年人。城市裡的幾個工廠，幾乎壟斷了這座城市所有的ＧＤＰ，年輕人好像也都離開了家。

站在街邊許久，我終於看到一些懶洋洋的年輕人，他們慢慢地行走著，我忽然懷念起了北京的早高峰，那些擁擠和著急，不正是青春的生命力嗎？

那些擠破頭都要做點什麼的狀態，不正是我們去大城市的原因嗎？

當天中午，書店的朋友請我吃飯，司機自豪地告訴我，自己在這個城市開車開了二十年。我當時有些恍惚，因為我剛從洛杉磯回來，那裡的無人駕駛技術已經相當成熟。我甚至不建議大學生花時間考駕照了，因為這註定是一個會被機器淘汰的職業，可一個人竟然做了二十年，這二十年的最終歸宿是被替代。可對這樣的未來，他全然不知。

司機繼續一邊吃飯，一邊吹牛，說這座城市有多安穩，自己的技術多麼純熟，生活也十分穩定。他一邊說還一邊批評我們，說北京的生活太快了，說這裡的很多文化北京都沒有，說搞不懂為什麼自己的孩子一定要去大城市，留在家不好嗎……他說著，我吃著，因為我知道，我跟他應該不是一個世界的人。

吃完後，他問我：「李老師以後是否想在這裡定居？」

我笑了笑，說：「應該不會。三天，就三天，我就會被逼瘋。」

第二天，我們離開了這座城市。

2

有些城市適合養老，但有些地方適合拚搏，我們想要待在哪裡，完全取決於我們想成為一個什麼樣的人。

我的朋友老宋三十多歲去了美國德州的一個村莊，他說自己過上了面朝大海、春暖花開的日子。

可是每隔幾個月，他就會回北京，然後找到我，說：「尚龍，你有什麼事能帶帶我？什麼都可以。」

他說：「我想念那樣的節奏。」

我們其實都還不到面朝大海、春暖花開的年紀，我們這個年紀，正是要做點事的年紀，那樣安逸、重複、無聊的生活，必然會把一些想要有作為的人逼瘋。

我曾經寫過一篇文章〈忙起來多好，閒下來更累〉。其實人忙碌起來，並不會很累，一旦人閒下來，那種胡思亂想和日子看不到頭的狀態，才真心令人難受。

每次我在鼓勵大家忙起來時，總有人問：「你整天把自己弄得這麼忙，不累嗎？」

每次遇到這樣的問題，我都會回答：「那你每次把自己弄得這麼閒，不累嗎？」

而閒只有在忙碌之後，才有意義，持續地閒，不久就會成為閒人。

3

我曾經在讀蔣勳的《天地有大美》時被感動。他說忙是心亡，心死了，就是忙，所以人要慢下來。一開始我是同意的，但仔細一想，蔣勳老師是一九四七年出生的人，他的年紀的確到了應該慢下來的時候，人家在年輕的時候已經忙完了，要不然也不會有這麼多的作品。是否要慢下來，取決於我們的年紀和我們想成為一個什麼樣的人。我們不應該在最應該忙碌的年紀裡，選擇了什麼也不做、光是枯坐養老的生活狀態。

但說到忙，我們一定要明白：「不是每種忙碌，都是好的。」

你是否有過這樣的感覺：你忙碌，你重複循環，你累，你一天接著一天，但一周下來，你發現什麼也沒做。

忙，不等於窮忙。從心理學來說，適當的空閒是對的，因為一個人一旦陷入了循環式的忙碌，也就變成了所謂的窮忙。

循環式的忙碌，把自己無條件地占滿，這樣的忙碌也就極端了。森迪爾・穆蘭納珊的《匱乏經濟學》中有一段話：「任何系統留一定的餘閒很重要，它不是對資源的浪費，而是讓系統更加高效地運轉。」

也就是說，無論多忙，都要為自己騰出一些空餘的時間，這些時間，要為自己放空，思考一下有沒有更好的方向，有沒有更棒的路。就好比一個團隊裡，總要有一兩個主管是閒的，因為他們負責思考，負責好好制定方向。

日本北海道大學進化生物研究小組，對三個分別由三十隻螞蟻組成的黑蟻群進行觀察，發現有二十%左右的螞蟻不僅不勤快，還無所事事，他們把這些螞蟻稱為「懶螞蟻」。但每次，螞蟻群表現得一籌莫展時，那些懶螞蟻總能挺身而出，帶領它們找到新食物。他們把這個現象稱為「懶螞蟻效應」。

其實，任何一個組織，都應該有二十%左右的懶螞蟻，他們不要那麼忙，而是需要把握大方向；同樣，你也需要為自己留下二十%的閒置時間，這時間不要工作不用應酬，就拿來充電，拿來冥想，拿來提升自己。

我在新東方當老師的最後一年，和排課的同事提出了一個要求：「周末晚上不上課。」同事一開始好奇地問我：「為什麼，這樣你一個月少四五千元（人民幣）呢。」

我咬了咬牙，但還是說：「就別排了吧。」

我用那段時間讀書、看電影、寫讀書筆記、寫影評，幾年後，依舊保持這個習慣，我從一個老師變成了作家。到今天，我依舊不把自己的時間安排滿，總會留下二十%用來做一些沒做過的事情，見一些沒見過的人，我把這些空閒時間稱為彩蛋。

所以，大城市的生活狀態就是這樣，你需要忙碌，但不要窮忙，不要重複沒意義的忙，你需要的不是埋頭幹活，而是抬頭奮鬥。你要一邊前行，一邊導航，還要一邊看著路牌，有時也別忘了欣賞一下沿途的風景。

4

我曾經看過著名經濟學家范伯倫的《有閒階級論》，所謂有閒，都是奠基於擁有大量財富之上的。這本書舉例批評了很多西方有錢人的閒情逸致，該書雖然在批判，但仔細分析，那些整天炫耀、攀比做一些閒事的有錢人，除了富二代，其他的富一代在年輕時幾乎都是忙碌的：他們忙於創業，忙於奮鬥，忙於提升自己的階級。

於是，才有了成為有閒階級的可能，也許當時財富掠奪的手段是可恥的、不光彩的，但放在今天來說，我們的工作和奮鬥卻是光榮的。因為我們年輕時的努力，才有可能把自己從一個階級提高到另一個階級。

你是否想過，如果一個人年輕時也閒呢？如果一個人安於自己所在的那個階級呢？我想起了小鎮一家賣手機殼的小店，我走進那家店，看見三個年紀和我差不多的人正在打牌。

他們耳朵上夾著菸，激動地打著撲克，全然不覺我已經走了進來，我逛了一段時間，就走了。

我想，他們也不在意我會不會買一些東西，他們每個月的收入夠用，生活安穩，這樣的生活也好。人這輩子最可怕的就是在最該努力奮鬥的日子裡，滿足於自己所在的階級，安於自己擁有的生活。但比這些還可怕的是，他們竟然還年輕著，還有著無限的可能。

所以有一天，我和老宋聊天時，他問我：「你真的一點也不喜歡悠閒的生活嗎？」

我說：「至少現在，我還是喜歡奔波的狀態。不是說我不喜歡面朝大海、春暖花開的日子，但年輕時，我還是希望面朝著人群，感受著夢想的盛開。等我老了，有了足夠的錢，再去買一套大海邊的房子，我想，我會安靜地坐在海邊自言自語地說：我年輕時，也曾是這大海的波濤。」

許多所謂的真理，都經不起推敲

世界假象千千萬，不拆穿，活著還真有點難。要有清晰的邏輯、全面的資訊、多角度看問題的思考，孰真孰假，才能一目了然。

1

有一天我和幾位編劇聊到創作，宋方金老師說，尚龍昨天寫的文章裡有一句很厲害的話：「願你出走半生，歸來仍是少年。」

編劇幫的幫主杜紅軍嚇了一跳，憨憨地說：「什麼出走了半生，歸來還是少年，那不就是個傻子嗎？」

我當時一愣，什麼意思？

他繼續說：「如果我們老家的大姑這麼告訴我，紅軍，你出走了半生，歸來還是個少年，不就是在罵我出了家門這麼久，還是什麼都不會嗎？那我不就是個傻子嗎？」

我從來沒這麼考慮過問題。

我承認當一個人出走了半生，回到家臉上還沒有滄桑，依舊做事不可靠，辦事不牢，這樣的人，恐怕很難是個聰明人。所以，這句話應該要這麼說才更能達意：「願你出走半生，歸來仍單純。」

這樣，就少了很多誤解，多了一些精確。

2

這個世界上有很多話都被廣泛傳誦，卻經不起推敲。也有很多觀點和生活方式是被許多人接受的，卻也沒有根據。像極了劉老師說的那句話：「世界上所有的悲劇都經不起推敲，悲劇一推敲遍地喜劇。」

其實，世界上許多真理和名言，都經不起推敲，甚至都沒有說完。

比如我們都知道以德報怨，卻不知道這句話的原話是出自《論語．憲問》的「以德報怨，何如？」子曰：「何以報德？以直報怨，以德報德！」

所以，孔子實際上在說用適當的懲罰回報惡行，用善行回報善行。

再比如許多人熟知的「父母在，不遠遊」，認為父母在，就不應該去遠方，卻不知道，後面還有一句話「遊必有方」。也就是說，父母在，不遠遊，但只要有自己的目標和志向就好。

還比如愛迪生說過的那句「天才是九十九％的汗水加一％的靈感」。但他後面還有一句：「那一％的靈感比九十九％的汗水還要重要。」

最有趣的，就是那句活躍在影視劇裡的台詞「酒肉穿腸過，佛祖心中留」，其實，後面還有一句「世人若學我，如同進魔道」……

3

世界上有好多假象。

比如我出版過的書《你只是看起來很努力》。

努力和看起來很努力，是兩件事情。

就像你讀了大學，只代表你交了學費，不代表你讀了書。

就像你去了健身房，只代表你交了錢，不代表你健了身。

就像你發了動態，說你在教室，那只能代表你在教室，不能代表你在學習。

世界假象千千萬，不拆穿，活著還真有點難。要有清晰的邏輯、全面的資訊、多角度看問題的思考，孰真孰假，才能一目了然。

當你放了一塊石頭在一隻螞蟻的面前，螞蟻不會認為有人故意放了一塊石頭在自己面前，它的單一視角的思考模式只會認為：「困難來了」。螞蟻是永遠不知道人是怎麼生活的，因為它對這個世界存在盲點，因為它的認知能力不夠。

我們也總有自己的盲點。這些盲點，或許需要我們一輩子的努力，才能逐漸看得清。看得清、看得全面，才有意義。當然，這需要多交談，多讀書，多見識，多思考。

讓我們在生活裡解鎖更多的視角和更多的盲點，從而在這個迷茫的時代，成為一個明白人。

高手從來都是反本能的

他們逆著基因生長，不被條條框框限制，永遠打破框架，突破本能。

1

大城市的燈光，總在夜晚把許多人照得格外無神。

其實，不僅是大城市，小城市也一樣，許多人眼睛裡喪失了光芒，沒有了活力，更少了希望。

早上起床，人們騎著共享單車衝入最近的地鐵站。人群擁擠，時常在地鐵裡連站的位置都沒有。一路顛簸，到了站進了公司，打卡後，面對電腦和無盡的會議，午飯成了每天上午唯一的期待。

下了班，人們拖著疲憊的身軀回到合租的房間，吃一份二十多元的便當，看看最近熱門的網劇和電影，進入夢鄉。

明天的生活，重複，繼續重複著，一模一樣。這就是高樓大廈中，許多人真實的寫照。

有人說，驅動這一切的是夢想，其實，驅動這一切的不過是本能而已。我們本能地睡著，本能地醒來，本能地工作，本能地吃飯，本能地打開手機，本能地按著讚……

我們沒有意識地過著每一天，留給我們的只有本能，我們不記得一周前的今天自己在做什麼，有時候甚至不知道昨天做了什麼，我們在這個城市忙碌，卻不知道這些忙碌背後的意義。

我們喪失了深度思考，沒有了主動閱讀，取而代之的是被動吸取，什麼熱門，我們就關注什麼；什麼有趣，我們就讀什麼，當熱搜關鍵字降溫，再關注其他事情。

注意力和主動思考的稀缺，讓所有人的眼睛都失去了光芒。街道上人來人往，地鐵裡人山人海，我們何去何從。

曾經有一位老師說：「人不用每時每刻知道自己在做什麼，但是，人總要在一天裡，有一段時間知道自己在做什麼，一輩子裡，重要時刻知道自己在想什麼。可怕的是，有人一輩子都不知道自己在做什麼，本能驅使了自由意志，思維習慣決定了行為習慣，至於深度思考，早就蕩然無存。」

2

人和動物一樣都有著本能，有些本能十分可怕，甚至會令它們喪命。

紅鶴的身體裡有一種寄生蟲，隨著糞便排入河水中。在水中的蝦子吃了這種寄生蟲後，身體開始變紅，並且喜歡成群結隊。本來很難被發現的蝦，很容易就被紅鶴看到。於是，它們成了紅鶴的大餐。

紅鶴吃了這些蝦後，將寄生蟲排出體外，供下一批蝦變紅。

可惜的是，蝦不知道自己變紅了，也不知道自己為什麼變紅，更不知道變紅意味著什麼，它們只是一次次地變紅，然後被吃掉。沒有蝦知道自己在做什麼，本能驅使著它們的行動，直到它們死去以及再一次死去。

科學家做過類似的實驗。

他們在一個籠子中關了四隻猩猩，籠子的上方掛了一根香蕉，只要有猩猩去吃那根香蕉，就有實驗人員用熱水潑它。久而久之，猩猩們理解了：碰香蕉就會被熱水燙。

於是，實驗人員換掉了一隻猩猩。新的猩猩看到了香蕉，剛要去拿，被三隻猩猩毆打了起來，久而久之，新來的猩猩也明白，香蕉不能碰。

接著，實驗人員再換掉一隻猩猩，猩猩剛準備拿香蕉，就被其他猩猩瘋狂毆打，打得最凶的竟然是那隻沒有被熱水燙過的。實驗人員就這麼一次次更換著，直到把四隻猩猩都換成新的猩猩。

在這個籠子上方永遠有一根香蕉，誰也不會去碰，可是，誰也不知道，為什麼不能碰。

有時候，我們就像蝦子和猩猩一樣，本能驅使了我們的生與死、行動與決策、性格與命運，而我們卻全然不知，只是默默地接受了結果。

3

我們不必那麼悲觀，因為所有強者都有一個共同特點：「他們逆著基因生長，不被條條框框限制，永遠打破框架，突破本能。」

我們佩服身材好的人，因為他們控制住了食欲的本能。
我們佩服在寺廟修鍊的人，因為他們控制住了性欲的本能。
我們喜歡拾金不昧的人，因為他們克服了貪婪的本能。
我們喜歡微笑的人，因為他們克服了人類易怒的本能。
我們會被《刺激一九九五》裡的安迪感動，是因為他永遠在突破限制，打破監獄裡既有的條條框框。
我們會被《飛越杜鵑窩》裡的麥克．墨菲打動，是因為他永遠在追求更自由和更真實的自己。
我們會愛上《楚門的世界》裡的楚門，因為他發現了循規蹈矩的生活外，原來有更大的世界。
你會發現，一些強者的生活習慣很有趣：他們永遠從小的事情學會破除本能的枷鎖，不讓自己被物質奴役，被習慣奴役，被制度和規則奴役，他們的世界，比我們的都大。
我們羨慕從體制裡辭職出來創業的人。
我們羨慕那些一年不見、再見時忽然瘦了十幾公斤的人。

我們欣賞那些知識淵博、每次見面談話內容都不一樣的人。

我們期待成為那些既能朝九晚五又能浪跡天涯的人。

的確，我們不可能每時每刻都知道自己在做什麼，這樣很累，但我們總要在做大決定時，知道自己在做什麼，當自我意識破除了本能，能讓人看到更廣闊的世界。

4

編劇宋方金和製片人方方相識二十多年。每次服務生問方方吃不吃胡椒，他都不假思索地說吃。那次，宋方金終於勃然大怒地喊道：「方方，你能不能試著不吃一次胡椒！」

於是，方方人生中第一次吃牛排沒有加胡椒。

之後，每次別人問他加不加胡椒時，他都會思考一下問：「你們還有其他什麼醬嗎？」

他的思考模式開始擴大，可能性增多。就連跟別人談合作，他也在對方給出兩個選擇時開始發問：「還有第三種、第四種可能性嗎？」

打破本能的反應，看到的世界也就大了。

我再舉個例子：在外漂泊，其實每天都很累，一年難回一次家，回家就當起了大爺。加上每次回家父母都煮很好吃的飯，又能睡覺睡到自然醒。所以，每次回老家就習慣了除了睡覺，就是長胖的生活狀態，慢慢地，一回到家，本能機制就啟動了。

有一天在回家的高鐵上看到了一個煮飯的節目，我看得入神，忽然想到，我有很久沒煮飯了。

我的思考忽然擴展了好多：「我有多久沒煮飯給父母吃了，他們又能有多少機會吃我煮的飯呢？我又有多少時間盡孝呢？」

回到家第一天，我打破了本能機制，煮了早飯給父母，雖然雞蛋焦了。但直到今天，父親依舊說那頓早飯是他吃過的最幸福的一頓早飯。

之後，我和姐姐一起把家裡二十多年的小電視換成了大電視，把家裡的老式微波爐換成了輻射小的款式，給父母買了許多保健產品。

本能讓思考狹窄，按照慣性支配行動，逐漸下去，人的世界就越來越小，也越來越無聊。突破自己的本能，其實很簡單：吃一頓沒吃過的飯，看一場並不熱門的電影，和一個陌生人打一局遊戲，去一個陌生的城市旅行……

意外的收穫更令人難忘。

做一個有遠見的人

那些曾經被當成瘋子的人，不是因為他們沒有活在當下，而是因為他們著眼於未來。

1

回北京的路上，已經是深夜，照理來說路上應該沒車才對，但卻堵得水泄不通。於是，我一邊拿出電腦敲打著文字，一邊隨著車慢慢地往前挪動。半小時後，我找到了原因：機場的路開始翻修了，三條車道變成了一條車道，車流匯集，於是堵車了。

這些年我們經常看到一些才修了幾年的路，一定要在深夜扒開看看的現象。其實不僅如此，剛修了十年的大橋要爆破重建，剛建好的房屋又在保養，新規畫的城市在暴雨過後會內澇。GDP上升的同時，霧霾也隨即而來。

陸銘教授的《大國大城》中寫道，今天城市的基礎設施糟糕，公共服務的短缺，是因為歷史預測的人口大大低於實際人口。當年對大城市規畫的失敗，就是因為沒有遠見，從未考慮過這個城市在接下來的幾十年會有這麼多人到來。其實，當你看到很多城市壅堵的公路，就會知道，當年的城市規畫者沒有考慮到幾十年後或許人人都會有車。

同樣的事情，似乎每個國家在發展的路上都走了同樣的路：「先汙染，再治理。」為什麼我們很少看到德國的路在翻修，英國的大橋為什麼總是這麼堅固，日本的排水系統為什麼這麼暢通？

有一天我走在路上，楊絮飄入了我的鼻子，我的鼻炎開始發作。

我一邊打著噴嚏，一邊想：「為什麼種楊樹呢，因為楊樹長得快，短短幾年就能夠看到成效。但你走到那些森林中，走到那些發達國家的路上，你能看到松樹、楠樹、橡樹。」

我想起了某知名作家說的那句話：「這個國家不缺聰明人，而缺少踏踏實實不求快的笨人。」

而一座城市種的樹，往往能反映這座城市規畫者的思維模式，是急於求成，還是慢工出細活。

我們身邊，總是擁有太多短視、急於求成的聰明人。我想起剛開始當英語老師時，市面上最多的教材就是幾天搞定什麼，比如《三天搞定英語詞彙》《五天搞定雅思閱讀》，最可怕的是《三十秒搞定英語語法》。

說實話我覺得很可悲，因為我們這些人從小學開始學英語，直到今天，少說也有十多年，也就學成了這樣。我們都知道羅馬不是一天建成的，但為什麼有這麼多人相信這些速成的教材呢？

不能否認，這些書還賣得很好。但是，就算看完，英語不好的人還是那麼多。

這種思考到今日，你能看到那些奇怪的知識付費，什麼如何讓自己年薪百萬，如何讓自己成為月入五萬的白領，怎麼寫出百萬級別暢銷書……

我記得一個同行曾經開了一門寫作課，收費七百元人民幣，文案寫著「三天就能讓你變成寫作高手」。因為文案很吸引人，第一季賣得非常好，他到處跟別人說自己一季的課賺了一千多萬，拿這個噱頭自吹自擂了好一陣。

接著，他開了第二季，再也沒人知道他賺多少，因為差評如潮，後來他的所有課都賣得很糟糕。只想撈一筆錢就走，於是時代就只允許他撈一筆錢。

這樣的人很多，那些貪官為什麼會頂著這麼大風險貪汙，因為他們看到的只有眼前的利益，看不到未來的鐵窗生活。

高手和菜鳥的區別其實就在這兒：「高手的眼睛像探照燈，照射著這個民族和自己的未來，但菜鳥看到的，只是眼前的光鮮與利益，或許能紅一時，卻很快恢復到原來的模樣。」

3

有這麼一個故事。主人公叫瑞克．雷斯科拉，是世貿大樓南大樓的一位辦公室安保主管，此前的越戰退伍上校。一九九三年，他經歷了一次地下停車場爆炸，對逃生的重要性深有體會。於是，他每年都安排全公司的員工做兩次緊急逃生演習。

很多人都抱怨，說他戲真多，事真多，當個主管太把自己當回事。

但在他的堅持下，公司還是同意安排每年兩次全體員工執行演習的機會，這樣的訓練持續了八年。當然，八年裡抱怨從來沒停過，大家抱怨浪費了自己的時間，抱怨沒意義的緊張。

誰也沒想到的是，二〇〇一年九月十一日，恐怖分子的飛機襲擊了世貿大樓，瞬間周圍一片火海。大家手足無措，像熱鍋上的螞蟻，驚恐著、嘶喊著。混亂之時，雷斯科拉拿起了擴音器，組織員工立刻按照演習逃生。結果，第二架飛機在十七分鐘後撞擊時，他已經指揮兩千五百人逃離了現場。

可惜的是，雷斯科拉再次回到南大樓救援時不幸遇難，離開了這個世界。

後來，有人把他的事蹟改編成一齣音樂劇，這部音樂劇在美國很紅，叫《戰士的心》。如果沒有雷斯科拉的遠見，這兩千五百人恐怕就性命難保了。最後時刻，是那些抱怨的人救了大家嗎？是那些指責別人的人救了大家嗎？都不是，正是那些有遠見的人，救了大家的性命。

直到今天，我經常會觀察身邊那些經常體檢健身的、下班後努力學習的、沒人監督依舊熱愛閱讀的人，許多人認為他們不正常，不，他們不過是一群有遠見的人而已。

真正的遠見，常常與現實相悖，常常不被人理解，但那些遠見，卻是著眼未來。

字典裡說，所謂遠見，是一種對未來的推理能力，它和許多技能一樣，都不可能一蹴而就，需要長期累積。

所謂遠見，應該基於三種能力之上，它們分別是：洞察力、判斷力、學習力。

我一點一點地說……

《新世紀福爾摩斯》裡最令人驚嘆的就是夏洛克的洞察力，他在第一次看到華生時，就推斷他一定去過阿富汗，當過軍醫。

後來你再仔細觀察，發現他特別喜歡這樣刻意練習，看到任何一個人，就在一邊分析，而且分析得頭頭是道。這樣一個既有天分又刻意練習的人，久而久之，洞察力一定是越來越強。

一個有遠見的人，一定是個洞察高手。

比如預見外送一定會興起的餐廳老闆，在微信公眾號剛開始就入駐的高手……很多人說他們趕上了好時代，說他們聰明，卻忘了這些遠見都基於對生活的洞察力，以及養成了觀察的習慣。

命好不如習慣好，人要養成思考生活裡的新鮮事物的習慣，要學會足夠開放，同時保持思考。除此之外，還要具備判斷力。

當新事物向你撲來，你不是要照單全收，而是要學會思考什麼重要，什麼需要，什麼必要，放棄不想要的，畢竟人的時間有限，精力也有限。

除了這些，你還需要不停地學習，具備第三種遠見的基礎：學習力。

仔細觀察所有具備遠見思維的人都是終身學習的高手。他們無論年紀多大，都對新鮮事物好奇，對年輕人尊重，因為他們很清楚，年輕人和新鮮事物才是這個世界的未來。

5

直到今天，我越來越尊重那些著眼於未來的人，越來越高看那些未來具備巨大發展潛力的人，比如，我會尊重一個在圖書館認真學習的孩子，而不會太在意一個在學生會呼風喚雨、但課業不思進取的主席；我更尊重那些虛心學習的人，而不會在意那些自居高位者。因為一個人重要的不是他現在站得多高，而是他是否還會朝著更高的方向前行。同理，你看一個人不要看他現在如何，而要看他的趨勢和潛力。

伊隆・馬斯克覺得人類一定會用完石油，於是開發了電動汽車，又覺得地球一定不再適合人類生存，於是創建了SpaceX，還成功發射了重型獵鷹運載火箭。他還計畫把一百萬人送到火星。

那些曾經被當成瘋子的人，不是因為他們沒有活在當下，而是因為他們著眼於未來已。

奧美互動全球董事長布萊恩・費思桐寫過一本書叫《人生的長尾效應：25、35、45的生涯落點》，書裡說：「職業生涯不是短跑比賽，而是一場至少長達四十五年的馬拉松」。

你綜觀生命，或許會是一場百年的馬拉松；如果你綜觀一個國家、一個民族的未來，時間或許更長。

我想這就是我們這一代人的使命，也是這個時代的精英和知識分子的使命：當所有人都活在當下時，我們應該看到更遠的地方，思索自己的未來，國家的未來，民族的未來。

要嘛玩命努力，要嘛徹底放棄

一點點的努力跟不努力的結果一樣，到頭來只是自己感動了自己，一點用都沒有。

1

當我看到這個數據時，嚇了一跳：二〇〇七年，美國消費者一共購買了五百萬首歌曲。二〇一六年，這個數字是八百七十萬首，購買的歌曲數量增加了許多。但是，多數的歌曲，只賣過不到十次，有些只賣了一兩次。

但如果統計賣過一百次以上的歌曲，這十年的數據基本上是統一的：三十五萬首。幾乎沒有變化。再進一步，賣過一萬次以上的歌曲，不到一百首，而且永遠是那些人，幾乎沒有變動。

類似的事情，還發生在電影產業、圖書產業、文化產業。總體趨勢是確定的：少數的產品占有了大量市場，勝者通吃的現象逐漸明顯。

換句熟悉的話，在這個世界上，雖然產品種類多了，一旦無法熱銷，就註定沉沒在大潮中，不被人知道。

用句精鍊的話來說：「要嘛出眾，要嘛出局，沒有中間選項。」仔細一想還真是。這些年，除了聽五月天和周杰倫的歌，其他人的歌都不聽了。現在推出一首新歌的成本很低，但想家喻戶曉，難度就很高了。

除非像《中國有嘻哈》那樣，紅到每一個角落，否則，就只能忍受一首歌寫下來卻乏人問津的命運。

2

我想起《人類大命運》裡的一段話：「以後這個世界只有兩種人，一種是碌碌無為的正常人，一種是改變世界的神人，後者是少數。」

無論如何，這個時代的數據，已經表明了一件事：這是個勝者通吃的年代，雖然產品多了，但被人關注的，依舊是少數，並且，永遠是少數。

原來我們以為是八〇／二〇法則，現在更不樂觀，很可能變成了二％和九十八％。

3

這也就解釋了一個現象：為什麼有錢的人越來越有錢，窮人越來越窮。

但如果理解了勝者通吃的概念，就能明白，隨著資訊越來越開放，資源越來越會掌握在少數人的手裡，並且越來越固化。

這就是著名的馬太效應：「凡有的，還要加倍給他叫他多餘；沒有的，連他所有的也要奪過來。」

換句話說，就是富的更富，窮的更窮。

面對這個時代，我們唯一能做的是，要相信個體從未固化，並且個人可以透過瘋狂的努力改變。要相信，這個時代，要嘛你選擇成為一個偏執狂，用生命去努力；要嘛就壓根別努力。

因為一點點的努力跟不努力的結果一樣，到頭來只是自己感動了自己，一點用都沒有。這世界，永遠都是這麼殘酷。

4

有人問，如何應對未來的不確定性？我們是不是沒希望了？

我想說，比階級僵化更可怕的是智商固化。智商固化的人才是真正沒有希望。那些不學習的人，不願意進步的人，一知半解的人，只按照經驗和直覺做決定的人，註定沒有希望。

在階級確定的大環境裡，幸運的是，個體永遠沒有確定，一直隨著努力而改變。

我們身邊有太多人，看似沒沒無聞，卻平靜地努力著。然後忽然有一天，他活成了超級個體，把作品做到爆紅，把自己變成了陽光。但這樣的人，永遠是少數，雖然孤獨，但閃著光。

願讀到這篇文章的你，能成為這樣的人。

有些路，註定要一個人走

曾經，我們以為自己可以是大多數人。其實，每個人在這世上，都是少數人，都要學會一個人。

1

我有個學生，在大四那年決定考研究所。宿舍其他同學都沒有繼續深造的計畫，於是，奮鬥成了獨行線。沒人陪伴，他成了唯一早出晚歸的人，變成了他們口中的少數人。

同學調侃他：「你努力有什麼用？你努力能比得上清華、北大的學生嗎？」

他回覆：「誰說一定比不過呢？」

宿舍裡其他幾人爆發出刺耳的笑聲，這笑聲迴盪在他心裡，刺激著他的神經。他沒說話，咬了咬牙，拿著書出門了。

他告訴我，在他最孤獨的那段日子裡，總覺得自己和這個世界格格不入，他不是大多數，甚至害怕自己成為少數人。後來他告訴我，那時，他最喜歡的是我的那句「耐住寂寞，守住繁華」。

但生活不是勵志故事，第一年，他落榜了。

有時候，我們不得不接受生活的殘忍，但同時還要固執地相信未來。

落榜後的嘲笑更是鋪天蓋地而來，原來的大多數是室友，現在連家鄉的朋友也加入了大多數人的陣營。

父母告訴他：「孩子，我們回家，爸媽幫你找工作，也挺好的。」

他在電話那頭努力抑制住眼淚：「爸、媽，讓我再試一次，這次不行，我就回家。」

接下來一年，很少有人見到他發文，據他的朋友說，他的生活裡只有兩件事：讀書和做題。

第二年，他考上了北京師範大學的心理學院。

再次見到他時，他對我說了一句話：「有時候，人啊，就要盲目樂觀，要不然還真扛不住這麼多人的嘲笑。」

2

盲目樂觀這四個字很簡單，很有用，但真的能做到的人，太少。

我們在向上的路上，遇到過大規模的嘲笑、鄙視，在這樣的環境裡，很可能還會遇到失望、沮喪和分別。如果沒有一點盲目自信的能量，怎麼堅持下來？

後來，他給我看了一眼他那條隱藏貼文，那是他落榜後寫給自己看的一番話：「你們笑吧，打不倒我的，只會讓我變得更強。」

那是我第一次覺得，笑，有時也是一件很可怕的事情，因為笑可能是譏笑、恥笑、嘲笑，當一個人和別人不一樣時，被笑就成了家常便飯。笑，似乎是大多數人的特權，是少數人的夢魘。

但誰又能說，少數人一定是錯的呢？

一位小學老師曾講過一個故事給我聽：

一個孩子從小的夢想是摘星星。當他把夢想說出來時，全班都開始笑，笑聲過後，老師沉默了幾秒。

老師說：「你們笑夠了嗎？」

全班鴉雀無聲。

老師繼續說：「你們笑完之後，又能怎麼樣呢？」

說完，老師也乾笑了幾聲，笑得尷尬，笑得無奈。

他繼續說：「各位，你們笑完之後，他的夢想還是摘星星，不會變！可如果以後他真的摘了星星，笑的人會是誰呢？」

這番話改變了這個孩子，十年後，他考上了天文系。

他說，他的夢想還是摘星星。他說，總有一天，他要找到一塊星星的化石。

畢業後，他對老師說：「老師，謝謝你，讓他們笑吧，但我不會哭。我會是笑到最後的那個。」

這位老師跟我講完這個故事，自己熱淚盈眶，他說，多少人就是被大多數人的笑聲止住了腳步。

《STAND BY ME 哆啦A夢》裡有個片段令人感動：大雄長大了，哆啦A夢走了。

大雄哭著說：「你為什麼要離開我？」

哆啦A夢說：「總有些路，你要自己一個人走。」

原來以為，越長大越孤單，後來發現，越長大不是越孤單，而是這世界，原本就是個孤兒院。

曾經，我們以為自己可以是大多數人。其實，每個人在這世上，都是少數人，都要學會一個人。隨著長大，你會發現，有些路父母不能陪你走，愛人無法陪你前行，孩子有自己的世界，朋友有自己的生活，這條路伴隨著不理解，伴隨著嘲笑，伴隨著大多數人的反對。

那麼，這條路你還走嗎？試試吧。

許多路都是一個人，一步步走完的。

路途孤獨，可誰又不是呢？孤獨是常態，相聚總要分別，無非是時間長短罷了。堅強點，一個人，也要學會開心、幸福、成長。

4

其實，我不太認可少數人和多數人的分別。

因為，少數人在特定的時刻，也可能是多數人，多數人在某些時間，也可能是少數人。

這也就告訴我們，當我們是少數人時，別怕孤獨，更要勇往直前。

當我們是多數人時，請善待每一個少數人。

少說點冷言冷語，少些嘲笑、譏笑，多些溫暖。

一個社會是否健全，就是看你怎麼對待少數人：無障礙停車位是否堆滿了雜物，無障礙通道是否停滿了自行車，單身時會不會被歧視，身材矮小時是否會被霸凌。

當你是多數人時，只有尊重每個人，社會才能更美。

當你是少數人時，只有堅持不懈地往前走，人才能看到曙光。

給大學生的幾點忠告

> 我們要對這個社會保持警惕，但同時要相信美好是可以透過我們的努力獲得。

看了李文星之死[1]的新聞，心情久久不能平靜：一份本以為是上市公司的錄取通知，卻最終讓李文星走向了生命的盡頭。

首先我的理解：該被罰的一個都別想逃。發布假消息的APP網站、傳銷組織，一個都別想逃掉懲罰。這些年這樣的詐騙很多，我的後台就有好多。這些騙子往往都利用了大學生

---

1 此處指二〇一七年的新聞，中國東北大學畢業生李文星疑因經由網路平台求職，誤墮傳銷陷阱而死，屍體在天津靜海的水坑中被發現。

們剛入社會，資訊不對稱、經驗不豐富又想賺外快的思維漏洞，大做文章。

我曾經寫過一篇文章，〈以賺錢為目的兼職是最愚蠢的投資〉。文章發出後，很多人說我沒有考慮那些家庭條件不好的同學。家庭條件不好，不更應該多學習多見識嗎？這樣以後才能賺到更多錢，才有機會去更大的平台改變命運，才能分辨世界的醜惡和美好啊！

這條新聞很熱門，我卻很難過，有幾條建議，想分享給你們。

1 大學四年盡量不要為了賺錢而去做兼職。

兼職，是為了提高能力，而不是為了賺錢。

為了賺快錢很愚蠢，因為畢業後，你有的是時間去賺。

現在賺了錢，卻付出了本應提升自己的時間，到頭來，畢業後沒有能力，反倒賺不了錢。大學最重要的是提升自己，而不是為了那點錢去購買無聊的虛榮。

2

所有的兼職，只要對方找你要錢，扭頭就走，絕對沒錯。

無論對方用什麼理由，服裝費還是押金，承諾以後會退給你，你直接轉身走，一定沒錯。你想想，你去工作是賺錢，怎麼會花錢呢？

他今天找你要了五十元，明天就會找你要一百元，直到要到你傾家蕩產，要到他們集體消失。

3

給所有用人單位的履歷上都要習慣性地打上浮水印。

個人資訊的洩漏是這個時代的大問題，重要的是你根本不知道對方拿你的資訊做了些什麼。

比如你剛賺了點錢，就有人問你要不要買房。

比如你剛高三，就有輔導機構給你打電話，問你補習嗎。

比如你找了份工作，所有兼職都來找你，你就應該明白，資訊被洩漏了。

所以，在不得不暴露你的身分證、姓名、出生年月日、電話時，一定要打上浮水印，以防被人盜用。

4 永遠不要留父母的電話。

上了大學，意味著你已經成人了。所謂成人，就是自己可以負責自己的言行，無論找什麼工作，都不該留下父母的電話，讓他們幫你負責。

倘若是詐騙呢？倘若父母無能為力呢？留下的只可能是父母的擔心，沒有一點好處。如果非留不可，留幾個好哥們的吧。

5 不要廉價出賣自己的勞動力。

學校門口餐館洗碗、學校門口發傳單、麥當勞裡端盤子……這些工作就算了吧。我沒有歧視這些工作，即使不上大學也能做這些工作，那為什麼要在大學四年裡做呢？那上大學做什麼呢？

難道不能厚積薄發，珍惜時間，先學習提升自己，再去更高的平台嗎？等你財務自由了，再去體驗一下這些工作難道不更有意義嗎？

6

遠行前一定要跟朋友說一聲。

無論去哪裡，只要是遠行，一定要讓至少一個朋友知道你的行蹤以及回來的時間。這樣，當你沒有按時回來或出現危險時，第一時間報案能夠少走彎路。

永遠不要單線作戰，要找個伴，讓他知道你的行蹤。

比如女孩子，上車後給同學打個電話：「我上車了，半小時後在校門口接我吧。」別小看這句話，很多時候，這句話能救命。

7

所有的工作，最可靠的永遠不在網上。

作為一家公司的創始人，我十分負責地告訴你們：當我們有個好的工作職缺，首先是內部推薦，當內部推薦不合適時，就選擇朋友圈發布，讓朋友推薦合適的人。

實在都找不到了，才在網路發布。換句話說，網上發布的職位往往都不是最好的，或者都不是最可靠的。如果你想要找到最可靠的工作，首先是要進入這些圈子，找到能夠匹配的能力；然後是擴大能力和社交面，這樣才能找到可靠的工作，這個往往靠的是機遇。

那些說工作不用坐辦公室，不累，離家近，年薪百萬，還被發到網路讓所有人搶的，一定是騙子，請留意。

8 永遠保持懷疑，並且相信美好。

年輕時容易相信人，卻忘了世間的醜惡永遠存在。所以很多人在被醜惡傷害後，就走向了另一個極端：世界都是骯髒醜惡的。

其實不是，我們要對這個社會保持警惕，但同時要相信美好是可以透過我們的努力獲得。

所以，正能量不是什麼胡亂鼓勵別人要堅強、要相信，而是見證世間醜惡，依舊相信美好的心境。

孤獨與社交

人生應該是自由的：你想社交的時候，就去社交；想結婚的時候，就去結婚；想孤獨的時候，就去孤獨。

1

小時候讀《湖濱散記》時，我注意到一個細節：梭羅為了躲避這個世界的複雜關係，一個人逃到了湖邊。但如果你仔細讀會發現，瓦爾登湖的小屋中，梭羅還是擺了三把椅子：獨處的時候用一把，交友的時候用兩把。

換句話說，梭羅並不是放棄了社交，他只是放棄了低品質的社交。

人需要社交，有時候你會發現，一位孤獨老人就算身邊有隻狗，都能夠活得更長，生活品質更高。

《科學人》雜誌裡曾經寫過一段話：「長期孤獨感，相當於每天吸十五根菸。相比於普通人，孤獨的人有二十六%的機率更早死亡，無論從哪個角度來說，孤獨都不是個好的詞語。」

但這並不代表我們可以隨意社交。

我曾經寫過〈你以為你在合群，其實你在浪費青春〉，告訴大家不要盲目合群，不要隨波逐流，有時候平靜地努力，孤獨地奮鬥，比低品質的社交要好太多。

這篇文章出來後，許多人質疑，難道人不應該社交嗎？人不應該群體生活嗎？

所以，我們來論述一下孤獨與社交。

人本來就是群居的生物，原始時期落單的人往往會遭到猛獸襲擊，為了保護自己的安全，人開始了群居，群居的記憶寫在了基因。直到今天，每個人都會害怕孤獨，所以社交也是理所當然，只不過在這個網路時代裡，人應該放棄的是低品質的社交。

什麼叫低品質的社交呢，我的解釋是，當一個聚會超過六個人就是低品質的了。因為人一多，談話很難深入，大家都在聊表面上的內容，不痛不癢，除非有一個十分厲害的人可以穿針引線，但這樣的社交達人又很少。

所以，我並非反對社交，而是要找到屬於自己的群體，找到合適的社交方式，找到高品質的社交方法。

其實，人這輩子，一直在找屬於自己的群體。有些人是人類，但和我們不是一類人。於是，我們終其一生，都在尋找我們那一類人，讓我們不那麼孤單。

好在，我們有了網路，網路能幫助我們連接到更多和我們一樣的人。

比如，在考蟲的群裡，有好多天南地北的人，透過網路，成了好朋友。他們互相鼓勵，早上起來早讀，晚上睡前分享，網路似乎讓人變得沒那麼孤獨。但網路讓人更加充實了嗎？

2

你是否發現，隨著網路興起，我們更容易和更多人發生連接，但我們並沒有變得更充實。相反，許多人越來越孤獨、空虛。

每次坐火車，我都能看到很壯觀的一幕：你只要站起來，就能看到所有人低著頭，瘋狂地滑手機。他們似乎在注視著別人的一舉一動，但在自己真的無聊的時候翻看通訊錄，往往沒有一個人可以打電話；發了條心情糟糕的貼文，卻只有按讚沒有對話。

雪莉・特克在《在一起孤獨》裡說：「科技讓人的交往變得方便，但卻加強了真實世界裡人與人之間的疏離感。科技提供方便給人們的同時，也在控制著每個人。」

網路把我們的社交從現實社交變成了虛擬社交，彷彿發兩個紅包，就等於在一起聚餐；發一杯酒的表情，就等於真的碰了杯；發一條哈哈哈哈，就好像真的在笑。

《一級玩家》裡有一句台詞：「你看到的不是真的，你看到的是我想讓你看到的。」這句話之所以寫得好，是因為它看透了網路的本質：它不過是人的一面，而不是人的全面，你看到的不過是別人想讓你看到的好的那面。當然，你會越來越焦慮，越來越孤獨。

有時候，我會覺得，網路雖然拉近了人和人的距離，卻讓人感到越來越孤單，這就是我一直強調的，我們不要被動地吸收資訊，而要學會讓科技重新回到工具的位置，為我們服務。

記得一次回家過年，爺爺費盡全力把幾個孩子聚在了一個屋簷下。大家只用了一秒鐘，就打開手機，切換到另一個世界中，他們在那個世界裡美圖、搶紅包、按讚。可是，當這些孩子真的去了那一個世界，還是習慣性地打開了手機，切換到其他世界裡。

對於不懂得如何使用高科技的人，有了網路，孤獨反而更加無處不在。

3

我曾經寫過：當你瘋狂地刷著網頁，無聊地轉著電視想要趕走孤獨時，你是否想過，應該打開書，開始學習了。

我曾經問過一位老師，為什麼有些人寧願吃生活的苦，也不願吃學習的苦。

那位老師笑了笑，說：「生活的苦是被動的，而學習的苦需要主動吃。但吃了學習的苦，往往就不用吃生活的苦了。」

而孤獨是最好的升值期。

不僅如此，我們還要明白，孤獨其實不會讓人變得更好，孤獨久了，甚至會得憂鬱症，但孤獨中的修鍊，能讓人變得更厲害。所以，請不要浪費自己孤獨的時光，因為當你有了家庭、有了工作後，你會慢慢明白：你太懷念那些孤獨的日子了。可惜的是，這些日子一去不復返。

當然你會問，我可不可以一輩子孤獨，一輩子不結婚呢？

這些年我們逐漸發現，不願意結婚的人越來越多了，尤其是大城市，單身已經成為一種文化。因為一個人也可以過，有時候還自由一些。在美國，每七個成年人，就有一個選擇獨居；日本和韓國的單身率這些年也在飛速增加。近幾年，中國、印度和巴西的獨居人口也開始飆升。越來越多的人寧可一個人，也不願意將就。

分享一個數據：截至二〇一〇年年底，美國已有三千一百萬獨自一人生活的單身群體。瑞典的獨居比例最高，首都斯德哥爾摩獨居比例高達六十%。那這些獨居和單身，是不是就像那些長輩以為的一樣，意味著失敗，意味著日子淒慘？

紐約大學社會學教授艾瑞克．克林南柏格的著作《獨居時代》中，有一句話讓我印象很深刻：「獨居和結婚一樣，只是一種生活的可選項，並不是人生失敗的象徵。」

我曾和一個四十歲還沒結婚的姐姐聊天，她告訴我，一個人也挺好，如果有合適的，自己也會願意結婚，但一個人也能活得開心。這不過是一種選擇而已。

說實話我很羨慕她，因為她知道自己想要什麼。我想，她也一定頂著父母給的壓力吧，但那種獨立生活狀態，讓我想起了好朋友瀟灑姐的那句話：「按自己的意願過一生」。

5

如果要我建議，我不同意為了合群而合群，為了結婚而結婚，那樣委屈了自己，沒什麼意義。人生應該是自由的：你想社交的時候，就去社交；想結婚的時候，就去結婚；想孤獨的時候，就去孤獨。

因為這世界上我們能支配的自由本來就已經很少了，為什麼還不去追求自己想要的生活。

但我對大家的社交有兩條建議：

第一，好的社交，一定遵循等價交換原則。

只有等價的交換，才能有等價的友情。具體可以參考我寫的那篇文章〈放棄無用的社交〉。

第二，放下手機，每周至少進行一次面對面的真實社交。

曾經有個朋友跟我聊天時說：「尚龍，你知道為什麼我們聚會的時候最喜歡吃小龍蝦嗎？」

我說：「好吃嗎？」

他說：「不是，因為你吃小龍蝦時，沒辦法玩手機。」

後來我仔細觀察了一下，的確，每次吃小龍蝦時，大家都聊得特別高興。那樣的社交才是高品質的社交。

願我們都能找到屬於自己的群體，適合自己的社交方式。無論在孤獨裡，還是在熱鬧中，能發自內心的開心，才是生活最好的狀態。

PART 4

有沒有一個時刻，讓你忽然長大

日子長，我們終會長大；
青春痛，我們終會度過；
愛情虐，我們終會結果；
生活難，我們終會堅強。

做一個有靈魂的人

「這個時代一點也不比任何一個時代差，可我們的思考卻越來越少，越來越被大環境牽著走。」

1

我時常在公司的辦公室寫作，寫完後，通常已經是深夜。孤獨是我生活的一部分，但我並不孤單，因為我的公司在三里屯——北京最熱鬧的地方，這裡二十四小時都有人。

只不過，這裡沒什麼人有靈魂。這個地方充滿著戲劇化，一條馬路隔著兩個世界，一邊是SOHO，另一邊是太古里，換言之，一邊是工作區，一邊是商業區。

深夜，SOHO這邊，創業的工程師加班回家；太古里那邊，酒吧街的夜店燈火輝煌。

一邊改變著世界，一邊消耗著荷爾蒙。

第一次來三里屯時，我有些恐慌，甚至有些討厭這個地方。那是個冬天，我在星巴克等朋友，零下幾度的北京，也阻擋不了那麼多露大腿的女孩，她們時尚地抬起頭，面對那些無聊的街拍，挺著胸走在街上。一路上都是名車、名錶、名鞋，每個人似乎都在炫耀著自己的二頭肌。

一到晚上，很多人像是靈魂出竅，只剩肉體。這個地方，不乏想要成名的人。街拍攝影師要了那些女孩的通訊方式，說是要幫她們介紹電影和雜誌封面拍攝。結果，看了新聞才知道這些女孩陷入一個個圈套，被騙得體無完膚。後來我進了影視圈，才逐漸明白，哪有什麼一夜成名，都是辛勤努力的結果，有些就算一夜成了名，也不過是惡名。惡名有何意義呢？但很多女孩，還是單純地留下自己的通訊方式，給所謂的星探、街拍攝影師，然後一次次被騙，一次次陷入深淵。那是我第一次感覺到，這或許是個缺乏靈魂的地方，女人們爭奇鬥豔，男人們妄自尊大。離開三里屯後，我說，這輩子再也不會來第二次。

當我的搭檔尹延告訴我，我們的新辦公室定在三里屯時，我嚇了一跳。他告訴我，把房子租在那裡吧，這樣方便出差。

創業後，我定居在了三里屯。我告訴自己，永遠不要被同化，永遠和這個小世界保持距離，保持思考的能力。

一開始，我經常寫作到深夜，然後蹲在馬路邊，看街道那邊的場景：凌晨幾點，幾個小女孩喝得酩酊大醉，豪車名牌在眼前晃來晃去；那些要飯的大爺們數著錢，然後轉身上了一輛專車；樹旁的嘔吐物像是在表達著對世界的不滿，遠處的震盪音樂像要甩出自己的靈魂；癱坐在一旁的醉漢，趴在樹上流淚的女孩……我再次確認，這是個沒有靈魂的地方。

但很快，我竟適應了這裡。物質主義的價值觀很容易被人接受，只要你什麼都不顧，敢消費，敢浮誇，什麼都沒問題。

逐漸，我從不喜歡這裡，到融入這裡，直到最後，我發現自己離不開這裡。忽然，我發現自己在環境的影響下，變了。

《刺激一九九五》裡談過一個概念，叫體制化。一開始你討厭這裡，接著，你適應了，再接著，你離不開它，這個過程就是體制化。體制化一旦形成，人習慣了，也就沒有了靈魂。你仔細想想，人在哪兒都有體制化。

我被三里屯體制化了。

我開始參加一些奇怪的聚會，大家浮誇地談論著今天買的衣服，誇張地聊著今天花了多少錢，酒精麻痺著每一個夜晚。直到有一天，我也去了一家夜店，蹦躂了一晚上。第二天，頭痛欲裂，發現自己莫名其妙花了好多錢。也就是那天，我忽然明白了，環境會改變人，而人不能沒有靈魂。

但如果一個地方，永遠是金錢至上，那這個地方自然就沒了靈魂。而這些環境是能影響每個人的，大家都在做一件事，信奉一種價值觀，你能不信嗎？

3

在三里屯生活的第三年，節奏快到令我受不了。直到一天晚上，我忽然肚子餓了，想到了一家陝西麵館。我一個人戴著耳機走了過去，才發現這裡早就成了一家虛擬實境的遊戲機廳。我看了一眼那條街道，發現好幾家餐廳都沒了。我還辦了會員卡呢，怎麼說沒就沒了呢？

我也意識到，沒了就是沒了，一個沒靈魂的地方，怎麼可能做有靈魂的事情呢？

後來我和尹延聊天，他告訴我，在這裡盡量別辦會員卡。一是選擇太多，沒必要非在一家辦；二是因為這裡的店，倒閉、搬走的速度太快，定不下來。

我想起前些日子去日本，那些深夜食堂，幾乎都是幾十年的老字號，老闆會用一輩子的時間做好一碗麵。可是在這個金錢至上的三里屯，這樣是不是太奢侈了呢？這裡寸土寸金，所以總是在拆，總是在重建。如果總是這樣，又怎麼會留下一些有靈魂的東西呢？

這些思考幫助了我很多，從那之後，我再也不去參加那些沒意義的聚會。深夜，我重新讓孤獨沁透我的靈魂，重新開始思考，那些丟失很久的感動又再次回來了。

有時我寫完東西，會去一家叫 Hidden House（隱藏的房子）的酒吧，跟幾個好朋友喝兩杯。之所以去那兒，一是因為那裡安靜；二是因為那裡沒什麼人知道。我們一去就去了三年，我時常跟那裡的老闆國野哥說，你們這裡是文化圈的搖籃，多少好的作品都誕生於此。

前些日子，他們告訴我，這裡也要拆掉了。或許，對那些人來說，這裡不過是個建築，建築該拆就拆，但對我來說，那裡有我三年美好的時光。

當然，我也可以把自己假裝成一個沒靈魂的人，說那不就是一個建築嗎？

可有時候，那些在那裡陪我喝過酒的朋友歷歷在目，我總會自言自語說：「那不僅是個建築啊！」

4

技術太快，時代太快，更新太快。可是，人卻從來沒變過。畢達哥拉斯學派曾經說過一個理論：「靈魂是不死的，身體是靈魂的監獄。」

可現在呢？我們發現，許多人成了沒有靈魂的軀體，監獄空蕩蕩，身體晃悠悠。

科學家說，人沒有靈魂。但我認為，人至少應該擁有那些美好，相信那些美麗。環境很重要，倘若環境不對，至少要讓自己別錯太多。無論世界再繁雜，也要為自己留一些獨處的時間去思考，而不是被這一切牽著走，到頭來才發現，這樣活著沒有意義。

當所有人都被時代的洪流驅逐，無意識地行走在人流大軍中時，我們是否應該停下來思考，想想自己為什麼出發，想想自己為什麼要來到這裡，想想自己將要去向何方。無論在哪個群體，在哪個環境，你就是你，是一個獨立的個體，是一個具備獨立思考能力的個體。

有一本書叫《美麗靈魂：黑暗中的反抗者》，書裡講了四個普通人在集體無意識的前提下，做出了反抗的故事，他們拒絕接受集體的蠱惑，保持獨立思考，哪怕身敗名裂。而他們，就擁有著美麗的靈魂。

這個時代一點也不比任何一個時代差，可我們的思考卻越來越少，越來越被大環境牽著走。

社交軟體占用了我們大多數時間，網路吸引了我們所有的注意力，遊戲侵略了我們的生命。別人做什麼我們就做什麼，被時代牽著走的我們，註定會丟掉靈魂。

《西方極樂園》裡說，當一個人有了自我意識，才是有了真正的生命。

會不會有一天，人工智慧進入了我們的生命，它們有了自我意識，而我們反倒只會跟隨潮流，丟掉了靈魂？那樣的世界才是真正的滑稽。

青春一直在，只要你還能勇敢地翩翩起舞

一無所有的時候期待光環，以為光環就是翅膀，有了光環後，才發現所謂的光環，不過是枷鎖。

1

馬上要去廣西辦簽書會，忽然想起了一個人，那是一個一九六三年出生的阿姨。那年，她從廣西和我媽一起考到新疆的兵團高護班。那個年代，考進體制，就代表著生存，就代表著優秀。她熱愛跳舞，一邊讀書，一邊學習舞蹈；她喜歡跳舞，翩翩起舞的雙手像是翅膀，能讓她在那個充滿限制的體制下有著飛翔的感覺，每次音樂響起，她就開始翱翔。

畢業後，她從新疆調回廣西，又從廣西調到北京，在市政府一家機關單位任職，據說，還當上了局長。媽媽再次見到她時，已經是分別三十年後。

她們高護班的同學在北京聚會，開了好幾桌，嘰嘰喳喳地講著這些年。她兩鬢已生白髮，皺紋蓋住額頭。喝了兩杯後，大家共同感嘆：「老了……」

喝到興起時，阿姨說：「跳支舞吧。」

她打開手機，裡頭放的是一首廣西名曲。她緩緩地站起來，禮貌地說了一句：好久沒跳過了，見笑。她把厚重的羽絨服脫掉，苗條的身材像羽毛，開始了舞蹈。她時而閉上眼，時而抿著嘴，沉浸在那久違的旋律中。

她舞動著身體，忘我地展現出身體的每一絲美，雖然年紀已老，卻依舊難掩年輕時的嫵媚。媽媽和戰友們看得入迷，不說話，像進入了夢境，像看到了仙女。

她們就這麼看著，第一遍旋律結束後，她們才被第一聲鼓掌打斷，從夢境中醒來，一齊鼓著掌。阿姨彎腰鞠躬，像是在完成自己的舞蹈動作，又像是一個禮貌的回禮。直到音樂淡出結束，掌聲中，她抬起頭，瞬間，她的眼睛紅了。

媽媽遞過去一張紙，跟阿姨說：「都過去了，以後可以隨便跳了。」

那天，是阿姨退休的第一天。

2

這是一個悲傷的故事，因為在那個保守的年代，女生不宜跳獨舞。她第一次跳獨舞的時候，剛剛參加工作。那天，她喝了好幾瓶新疆的奪命大烏蘇，微醺中，她說：「我跳支舞給大家吧。」

一位女護士怪氣十足地說：「王護士還會跳舞呢？」

她沒聽出來這位女護士的陰陽怪氣中帶著刺刀，仗著酒精，一邊哼著歌，一邊跳著舞。她忘情地跳著，完全不在乎周圍人的眼光。那個年代，誰允許你凸顯自己的美，誰允許你用個人光環映射集體光環？

可她全然不知。她跳完舞，禮貌謝幕，意外的是沒有人鼓掌，只有一個她們單位最呆的同志拍了一下手，然後環顧冷清清的四周，尷尬地撓了撓頭。從此，她開始被單位的女性群體孤立，自己卻不知發生了什麼，直到一天晚上，她被要求調離單位。臨走前，沒有一個人送她，她孤單一人啟程。

她不知道跳個獨舞哪裡錯了，這是她的嗜好啊。帶著難過，她離開了原單位，而她不知道，自己的噩夢才剛開始。

3

第二個單位男主管多，女下屬少，她想，終於沒有嫉妒的眼神和話語了，她可以跳舞了。她最開心的事情就是每天下班後，在單身宿舍裡打開收音機放著家鄉的歌曲，翩翩起舞，無論多難過的一天，只要聽到那些熟悉的旋律，煩惱都會被拋到九霄雲外。

她只有一捲卡帶，一遍遍地反覆聽，不停地聽著。

她第二次跳獨舞，是在單位的年會上。她打扮得很美，上台前，她特意跟單位的攝影師說，為自己多拍幾張照片，尤其是她在奔跑、跳躍、旋轉時，記得要把底片留給她，因為那是她最美的一天。她要用相機記錄下這一切的美好。

可是，她萬萬沒想到，正是這次舞蹈惹上了麻煩。

那之後，她遭到了單位男同事的騷擾，其中很多人都已婚。

攝影師說，你跟我在一起，我就把底片給你。其他男同事開著不痛不癢的黃腔，其中一個，還是她的主管。那天，主管以談工作為由，請她到他家中，藉著酒精，按倒了她。她掙扎著打了過去，憤怒地喊著：「你把我當成什麼人了？」

主管捂著臉冷笑：「你要是不想勾引我，幹嘛要跳那種舞蹈？別口是心非了。」

那時，沒有直男癌這個詞，如果有，那個主管早就晚期了。

他們不知道女人的舞蹈是跳給自己看的，打扮是給自己看的。那時，她知道了一個道理：想要在這種單位生存下來，女人千萬別跳獨舞，因為女人會孤立她，男人會騷擾她。

回到家，她對著收音機流眼淚，然後忍痛把卡帶從收音機裡拿出來。最後，她賣掉了收音機，只留下了那捲卡帶，還有那段獨舞的美好。

4

之後的十多年，女孩變成了阿姨，基層的經驗讓她升得很快，圓滑的個性讓她少走了很多彎路，努力地工作讓她不再受人冷言冷語。四十歲那年，她來到北京，成為一名副局長，掌管實權，重要的是，那屆主管團隊裡，只有她一位女性。

她的下屬聽說她年輕的時候喜歡跳舞，就送了套音響，還送了她最喜歡的歌曲刻成的

CD。下屬讓她祕書在她進辦公室的時候放起她熟悉的旋律，祕書照做了。她在忙碌一天後，疲倦地走進辦公室，忽然聽到了曾讓自己舞動的歌曲，可是，老練的她馬上冷靜了下來。

她問祕書：「這是幹什麼？」

祕書說：「劉科長知道您喜歡跳舞，特意問了您原來的同學，給您送了套音響，您可以重拾一下舊時的愛好啊！沒事的時候，跳跳舞放放鬆啊！」

她看看音響，然後轉向祕書，冷冷地說：「不用了，退回去吧。」又擠出一絲笑容，「我早就不跳舞了。」

年輕時不能舞蹈，老了卻不願舞動。一無所有的時候期待光環，以為光環就是翅膀，有了光環後，才發現所謂的光環，不過是枷鎖。戴著枷鎖，永遠不會展翅高飛，永遠不能翩翩起舞。

5

飯局上，媽媽告訴我，阿姨今天退休了，因此可以肆無忌憚地跳獨舞了。這是她這三十多年來第一次跳，是那麼自由，那麼無拘無束。阿姨的父母都去世了，丈夫在廣西，長期分居異地，兒子剛出國讀書。過兩天，她就要回廣西了，那是她自己的老家，也是她曾經青春的地方。

媽媽說到這裡，嘆了一口氣，說：「我們都老了。」

說完，摸了摸兩鬢的白髮。我看著那位阿姨，她的眼眶依舊是紅著的，像個孩子——受過委屈的孩子，一邊哭一邊笑。

我記得那天飯局結束，阿姨問我：「阿姨從今天開始重拾舞蹈，還來得及嗎？」

我說：「阿姨，只要開始，永遠不會晚。」

幾天後，我要去廣西辦簽書會，發了訊息給阿姨：「我要去你們家鄉辦簽書會啦！你要來嗎？」

阿姨回覆我：「阿姨不在廣西呢，阿姨在上海參加一個獨舞選秀比賽呢。」

不知怎麼，我忽然被感動了。

點開她的朋友圈，她的朋友圈裡只有一張照片，那張照片是一捲陳舊的卡帶，上面只有一句話：「青春一直在，只要你還能勇敢地翩翩起舞。」

瞬間，我淚流滿面。

時間終會讓我們長大

「日子長，我們終會長大；青春痛，我們終會度過；愛情虐，我們終會結果；生活難，我們終會堅強。」

1

我很幸運，因為我是龍鳳胎，有一個姐姐，這能讓我的孩子有姑姑。我一直不太願意叫她姐姐，因為她只比我大五分鐘。

長大後，我認識了幾個醫生，每次聊到生雙胞胎或龍鳳胎時，他們都說，婦產科的護士完全憑自己的感覺把誰先拿出來。那個接生的護士感覺明顯偏向我姐，就這樣，她成了比我大五分鐘的姐姐，這一偏向就是一輩子。

小時候我們總喜歡打架，準確來說應該是她打我。因為女生發育比男生早，所以打起架來，吃虧的往往是我。有時候是為了看電視搶遙控器，有時候是因為意見不一樣，然後一言不合就開始吵架，時常一言一語，講的完全是一樣的話。比如你是笨蛋反彈再反彈再再反彈，這樣一次次的鬥嘴很快就演變成了拳打腳踢。

我腦袋聰明，疊積木速度快，很快就搭出了模型。她看著模型著急，卻不知道怎麼放第一塊，直到看我擺完，任憑我哈哈大笑。

然後她走過來，心虛地一腳把這些積木全部踢飛，留下我一個人號啕大哭。

2

長大後，我們不再打架拌嘴了。從新疆到武漢去上學，學校裡總有人欺負她，說她是大頭。她生氣地和別人打起來，又很快被打哭。我立刻衝出去，捲起袖子替她打抱不平，結果也被打哭。我們就這樣被欺負了好久，時常一起哭。

直到上六年級，才有了好轉。一天她被一個男生欺負，回到家跟我講了前因後果，我和幾個朋友在樓道裡把欺負她的那個男生教訓了一頓。從此大家都知道，這女生不能欺負，她還有個哥哥呢！

她不服氣地說：「不，是弟弟！」

上了初中後，她開始認真念書，動不動就考進全年級前十，老師時常表揚她，而我動不動就被罵。那個時候學校讀書風氣不好，我不怎麼看書，總跑到學校外。

每次考試前，老師都語重心長地說：「你看看你姐，再看看你。」

一開始我還有點自尊心，後來也習慣了。

初三那年，我姐喜歡上一個男生，結果不如意，她很傷心。回家的路上，她一邊講一邊流淚。我安慰她，都會過去的。

她說：「你也要好好學習，不能考不上高中。」

我說：「這是什麼跟什麼啊？」

她說：「你考不上高中就不能保護我啦。」

3

高中的時候，我差點和女生談戀愛，對方是一個不愛念書的女孩。我也不怎麼愛念書，成績一落千丈，結果被姐姐甩出了幾條街。

那年分實驗班，我差點被分出去。於是，我痛定思痛，把心思放在念書上。姐姐開始拉著我每天自習，幫我補課，教我怎麼做題，我們一起在自習室做題然後互相批改。遇到不懂的地方，就一起去問老師。

有一次回家路上，看見那個女生和一個男生一起走，我騎車在路上，忽然失聲痛哭，不知所措。

姐姐跟我說：「放心，會有更好的。只要你還相信你以後會更好。」

我回說：「雞湯！」

從此我開始埋頭學習，準備高考，關於那年，我沒什麼記憶，只記得我們一次次從自習室裡出來的景象。一路上我們嘰嘰喳喳，聊著未來，聊著過去，聊著現在。

4

高考後我讀了軍校，軍校的校規要比其他學校嚴格，我想傾訴卻沒有對象。那時不能用手機，我和外界等於斷了聯繫。

好在那時寫信免費，於是，我開始寫一封封信寄給姐姐。幾年後，她把一個抽屜打開，裡面滿滿的都是我寫給她的信。

她說：「看得出你那時好痛苦，寫的文字這麼矯情，不像現在這麼中二。」

我說：「一定不是我寫的。」

大一那年，她來北京參加比賽，我剛好因訓練腿骨折了，拄著拐杖去看她。在鳥巢看到她時，我面露愁光，這不是我想要的生活。

她告訴我：「如果這不是你要的，那你要問問自己想要什麼啊！」

我說：「我不知道，但我知道這不是我想要的！」

她拍著我說：「那你要不要跟我一起參加英語演講比賽？」

在暗無天日的時候，只要看到一絲亮，都是人生的曙光。我開始像瘋子一樣練習口語，一次次在空曠的教室裡瘋狂地練習著。那段日子，沒人理解，只有無數冷眼。那段委屈，我無法訴說，只能一次次打電話給她，她只是簡單地告訴我兩個字：「堅持」，然後就掛了電話。

後來我才知道，她之所以說話特別簡潔，是因為那時她在談戀愛呢。

那應該是她的初戀，懵懂無知，單純用心。兩人畢業後，雙雙來到北京，男生來北京讀書，而她是來辦出國簽證。那時我已經從軍校退學，陪著她在大使館辦理了所有手續。

她出國時，我送她到首都機場，臨別前，我說：「快去吧，記得經常打電話。」她走進安檢口，不停地回頭。我一轉身，眼淚就開始往下掉。我想，這應該是我們第一次生活在不同的國家了吧。

我不知道她在國外受了什麼苦，只知道我去美國看她時，她含淚說，自己這段時間經歷了太多磨難。我只知道她回國後就和男朋友分了手。有一次我幫她拿手機時，清楚地看到她抹著眼淚的自拍……不過，誰的青春不痛呢？

兩年後，她回國，我問她，想去哪個城市。

她說：「當然去北京了。」

我沒問為什麼，但我應該知道。

一次她喝多了，我開著車把她送回家，一路上都在罵她，她半清醒地說：「我在北京這麼囂張，還不是因為我知道出什麼事情都有你頂著啊！」

6

北京米貴，北漂不易。我們都在北京，但見面次數變少，忙碌占據了我們生活的大部分，雖然住得近，卻最多一個月見一次，偶爾也只是在家庭群組裡互相鬥嘴一下。我們回家的次數也越來越少，時常是她回家我不在，我回家她加班。

父親曾經說過：「你們都會長大，都會有自己的家庭。」

後來我明白，每個人都會長大，都會面對柴米油鹽醬醋茶，都會有自己的家庭和世界。而親人只希望你好，默默地祝福著就好，兩不打擾。

7

她找了個可靠的男朋友，我們時常在一起吃飯，聊到過去的事情時放聲大笑，回家時我忽然明白：不用我送啦！

雖然是解脫，但心裡空空的。

她的男朋友很有擔當，也很會照顧人。她很幸福，時常在朋友圈裡更新著自己和他的動態，有她的地方，她男朋友一直跟著。我默默按讚，安靜地祝福著。

這些年她在北京努力，我也成天奔波，在這個世界裡找尋著自己的歸宿，行走在不同的地方辦簽書會。

直到有一天，她男朋友傳訊息給我：「尚龍，晚上有空嗎？我要求婚了。」

我看著訊息，忽然眼睛紅了，於是推掉所有的事情，簡單回覆：「準時到。」

8

二〇一七年二月二十一日晚上九點，教堂裡，他們正在討論著《聖經》，而我們交頭接耳地密謀著。

結束後，她男朋友站了起來，說想和大家分享一下。萬眾期待中，他走到人群裡，掏出一枚戒指，面向姐姐說：「謝謝主，能讓我遇到你，骨中的骨，肉中的肉，從今天起，我不會讓你受苦，你願意嫁給我嗎？」

我舉起手機，努力想記錄著這一時刻，直到她一半震驚一半歡喜地點頭，說好。我才發現自己已經淚流滿面。

戒指被戴到她的無名指上時，我已看不清眼前的畫面，淚水模糊了我的雙眼，二十七年裡的回憶瞬間浮現在腦海中。忽然有無數的話，不知道怎麼說，腦海裡只有幾個字不停地重複：「要幸福，一定要幸福……」

9

這是一個弟弟的獨白，接下來要進入尾聲了。

寫了這麼多文字，終於有一篇要寫給最親的姐姐了。我從來不當面叫你姐，但我知道，五分鐘就是五分鐘，我認，所以——

謝謝你陪了我二十七年，接下來的日子，你要認真幸福地生活下去。

謝謝你找對了人，就互相幫助、互相攙扶地往前走吧。

不用擔心我，我求婚的時候，你們的眼淚都要還給我！

原來只有弟弟保護你，現在多了個男人，他比你弟弟更強，更能讓你開心，你要跟隨他的腳步，和他共同面對生活裡的困難。那些你受過的苦，我和他都不會讓你再經受。

還記得我說過的嗎？世界上所有的苦難，終究有一天會煙消雲散。你又要說我雞湯了，雖然我知道，你從不許別人在背後說我寫雞湯，但我很清楚，你其實想說的是：「只有我能罵。」

日子長，我們終會長大；青春痛，我們終會度過；愛情虐，我們終會結果；生活難，我們終會堅強。

我會一直在你們身邊呵護著你，所以，要幸福哦！

有些旋律，能讓我們不那麼孤單

她忽然明白，這些年所謂的追星，追的根本不是明星，而是更好的自己。

1

姐姐懷孕時，給我打了個電話：「想辦法弄四張周杰倫演唱會的票，我要聽。」

姐夫在電話裡擔心地說：「別逞強了，那麼多人，萬一出事怎麼辦？」

她笑著說：「那是我的青春啊。」

那天，她笑嘻嘻地走進會場，大搖大擺地拿著票，樂呵呵地拍著照，我們護送著她走入看台，坐下。

她說：「等會兒我要嗨，你們都別管我。」

可是，音樂響起，我轉身看她，她早已淚流滿面。

我知道她不是喜歡台上那個偶像，而是熟悉的旋律讓她想起了太多青春時的故事：第一次罰站，第一次打架，第一次懵懂，第一次拿著隨身聽遞給曾經喜歡的男生……

她遞給我一張紙，一邊哭，一邊跟我說：「你別哭了。」

我才發現，眼淚也掛在了我的臉上。

我知道她為什麼會流淚，就像她也知道這些年我是怎麼走過來一樣。一路摸爬滾打，從不回頭地倔強地奔跑著，不靠任何人獨自努力著。從一無所有，直到今天。

演唱會結束後，我嘲笑她快三十歲的人還追星。她說：「我不是追星，是因為音樂裡能儲存故事，它讓我想起了許多過去的事情，這些事情，我以為都忘了。」

2

二〇一二年，我第一次聽五月天的演唱會，阿信唱到〈突然好想你〉時，前排一個男生拿起電話打了出去。

音樂裡，他笑著大著：「你聽，我在鳥巢，我答應你的事情完成了！」說完，他把免持聽筒打開，對著天空搖擺著。

我看著他，想：電話那頭是誰？是前女友，還是異地很久的戀人，還是許久沒見的朋友？

音樂結束，他放下手機，原來對方早就掛斷電話。但直到演唱會結束，他的嘴角一直掛著笑容，我忽然明白，他答應那個人的這件事情，其實是答應了過去的自己。

每次演唱會，我都能看到身邊有人流眼淚，那些眼淚，投射著過去，照耀著未來。

二〇一五年，我陪幾個同學看演唱會，身邊一位男生給前女友發語音，語音中，只有現場的音樂，沒有他的半句話。

我無意間看到，語音沒有一次發送成功，每一條語音後面都有一個紅色的感嘆號。我打開手機，發現信號是滿格，我忽然明白，前女友已經把他封鎖了。

演唱會後，他跟我說：「這些音樂，其實是發給自己的，嗯，是過去的自己。」

說完，他的眼圈就紅了。

為什麼喜歡一首歌，因為它發光。

為什麼喜歡一個人，因為他也發光啊。

為什麼追隨一個人，因為追隨他時，自己也發光啊。

3

二〇一六年，五月天來北京開演唱會。

一個朋友發了一則貼文：

二〇一二年，你們來了鳥巢，我想去看你們，主管讓我加班，作罷；二〇一三年，你們去了石家莊，我陪主管在外地出差，失約；二〇一五年，你們再次來到北京，我有專案要趕，再次擦肩而過；二〇一六年，你們又來了，我買了票，辭了職，這一次，不再失約，北京見。

我想，他辭職的原因可能僅僅是為了看五月天，可能更複雜。

但音樂的魅力，在於它能留住一些故事，當音樂響起，故事緩緩流出，以為忘卻的事情，卻在某個旋律後，若隱若現。

我記得有個女孩跟我講過一則故事：

她第一次買票時，自己還在一個飯店當領班，月薪八千元（人民幣），所以買了一張兩百五十五元的票，坐在很遠的地方，聽著音樂，跟著一起唱。

在現場，她告訴自己，下次五月天來，自己要買一張五百五十五元的票，這樣能離他們近一些。

第二年，她從領班晉升成了客務部經理。她買了一張五百五十五元的票，離他們近了很多。

第三年，她辭職去了另一家酒店，薪資翻倍，生活圈都發生了改變，可是她還是在車裡放著五月天的歌。

第四年，她買了ＶＩＰ票。音樂響起的時候，她猛然回頭看著自己曾經坐著的看台位置，一束光打來，她彷彿看到了一個女生，揮舞著螢光棒：那是四年前的自己，是原來的自己。

她忽然明白，這些年所謂的追星，追的根本不是明星，而是更好的自己。

4

小時候父親告訴我，科學是一個公園，美學是一片鬱鬱蔥蔥的樹林，而文學，就是在水裡倒影的那個世界，音樂，就是從水下看到上面的那個世界。這個世界沒有文學也可以，風景依舊可以美好，但沒有池塘裡那片景色，世界就少了些美好和想像。

演唱會現場，一對情侶聽著周杰倫的〈半島鐵盒〉。那是周杰倫十五年前的一首歌，男生跟我一般大，聽這首歌時，一定也在讀初中吧。音樂響起不久，男生淚流滿面，顯然，他想起了初中時的女孩。女生坐在男生身旁，她笑著掏出一張紙，擦掉男生的眼淚，大聲地說：「都過去啦，現在你只有我。」

男生看了一眼那個女孩，笑著，緊緊地抱住了她。

是啊，那些逝去的、離開的，都過去了。

現在的，就是最好的。

謝謝這些歌，能讓我們記住那些美好，留住那些故事。

謝謝這些音樂，能讓我們變成更好的自己。

謝謝這些旋律，讓我們一個人時，不那麼孤單。

選擇更自由的方式過一生

我認為的自由，是不停地打破這個世界對自己的禁錮，獲得解鎖世界的更多權限。

1

《飛越杜鵑窩》的導演去世了。這是我看過的最好電影之一。

在我的青春裡，如果有最影響我的電影，那麼就是《刺激一九九五》《楚門的世界》，還有《飛越杜鵑窩》。

它們在我最絕望的日子，告訴我什麼是希望；在我最困惑的時候，告訴我要自由。

麥克・墨菲在瘋人院裡和別人打賭，說自己可以抬起那塊大理石丟出窗外去鎮上看球。

在無數的嘲笑聲中，他奮力到滿臉通紅，大理石卻紋絲不動。結束後，面對所有人的震驚和嘲笑，他說：「我試了，至少我他媽試了。」

他告訴那些關在瘋人院裡的人，要去追求愛情，要去捕魚玩耍，要去看外面的世界，要去打破桎梏，追求自由。可那些苦口婆心最終無濟於事，他最後被人切掉了小腦，變成了一個植物人。

在酋長最後逃出瘋人院後，我的眼淚止不住地往下掉，終於，他自由了。當一個人決心在瘋人院這樣的環境裡追求自由，是要付出多麼大的代價。有些代價，甚至是生命。

2

我時常會在夜晚問自己一個問題：「沒有自由的生活會怎麼樣？」

許多人說，不會怎麼樣。是啊，就像瘋人院裡的那些人，他們不會怎麼樣：他們還在生活，還在吃著自己不需要的藥，還在每天打牌賭博，只是受著嚴格管理，只是不能看球、不能外出。

這樣的生活能怎麼樣呢？

你去看身邊的人，那些每天不得不去上班的人，那些日復一日重複著生活的人，他們不都是這麼過的嗎？不能怎麼樣。

可是，一旦一個人的思維變成了「那又怎麼樣？」時，他也就失去了對自由的渴望，失去了對希望的執著。但那只叫活著，不叫生活。沒有生活又能怎麼樣呢？不怎麼樣。

如果可以將就，什麼樣都不怎麼樣。

3

我無法想像自己沒有自由會怎麼生活，的確，你可以告訴我自由是相對的，不是絕對的。

你也可以告訴我，《刺激一九九五》裡的安迪也是自由的，因為他至少能自由地呼吸啊。

但是，這樣的自由，在當今這個時代裡，是不是太低級的需求？

當一個人無法決定自己的去處，無法左右自己的命運，這樣的自由還是自由嗎？

在我們為數不多可以支配的領域裡，是否還要繳械投降呢？

曾經的我，是無所謂的。

但今天，我不去自己不喜歡的場合，不見自己討厭的人，不做自己厭煩的工作，不按照一成不變的方式生活。並且，我希望永遠這樣下去。

我的轉變，只是因為我看到安迪在大雨中逃離了監獄，看到楚門划船撞破了紙牆，看到印第安人從瘋人院衝了出去……

謝謝那些電影，給我帶來了希望。

4

自由並不是這麼簡單。

所有的自由背後都是自律，沒有自律的人，是沒有自由的。

換句話說，一個人無法用自己的能力實現財務自由，就不會有身體的自由，你無法控制自己身體的去處，也就不會有靈魂的自由。

你不能拿著父母的錢說自己要浪跡天涯，你不能窮得叮噹響還說自己只要詩與遠方。

我認為的自由是承擔自己的責任，對自己負責，有自己的長久規畫，足夠自律。只有這樣，才能按照自己的意願過一生。哪怕不行，也不要遷就自己討厭的方式過活。

我認為的自由，是有資格和能力跟不喜歡的東西說不，而不是一直微笑著委屈自己。

我認為的自由，是不停地打破這個世界對自己的禁錮，獲得解鎖世界的更多權限。

我認為的自由是生時瀟瀟灑灑，死時無愧於心。

而這些，需要我們一輩子的修行。

我們是否都成為少年時理想的大人了

生命面前，什麼都顯得渺小，誰出來的時候都是哭著的，無法改變哭著出來的事實。如果可以，至少做到不留遺憾，笑著離開吧。

1

從姐姐懷孕三十九周後，我就開始每天往她家跑，每天起床的第一件事就是敲響她家的門。

我不會煮飯，也不知道能做什麼，有時候幫著叫外賣，有時候做做家事，陪她玩玩遊戲。雖不知道具體能做什麼，但我明白，陪伴是我唯一能做的事情。

我和姐姐是雙胞胎，一起長大，從出生開始算，她已經陪伴我二十七年了。她生產時，我正在上課，不知怎麼了，講過幾百遍的課就是不停地犯錯，笑話講不出來，重點卡在嘴邊，心堵得慌。

於是我撥通了姐姐的電話，她焦急地喊著：「別來，幫不上忙。」

我還是去了，那堂課少上了二十分鐘。對我來說，工作可以沒有，姐姐只有一個。她最重要的時候，我必須在身邊，就像我每個最重要的時刻，她永遠在身邊支持我一樣。

產房外，家人無法進入，從門縫裡能看到醫生和姐姐的背影。我情緒焦躁，母親多次端來水，我拿著杯子，隨手又擱在桌子上。

六小時，病房裡沒動靜，醫生索性關上了門，一條門縫也沒留，關閉了我所有的資訊通道。後來我才知道，一切並不順利。姐夫情緒激動，甚至影響了醫生。好在是私立醫院，醫生很有耐心，一直陪著姐姐。

六小時裡我無能為力，只能祈禱著：「神啊，少讓我姐受點苦吧，如果可能，都放在我身上，我來扛。」

我不知道神有沒有聽到我的祈禱，但至少母親聽到了，她說：「別胡說，你哪有辦法？」

終於，凌晨兩點三十三分，孩子誕生。三千七百五十公克，男孩，姐夫發了文：「母子平安。」

從門縫裡，我聽到了孩子的哭聲，生命的聲音瞬間穿透了我的靈魂，一轉頭，淚流滿面。

媽媽拿出手帕，拭去我的淚，說：「我說都會沒事吧。」

我倔強地說：「你什麼時候說了？」

說完，我笑了，媽媽也笑了。

回家的路上，已經是凌晨。我望著高樓，望著霓虹燈下的一切，想起這些年的種種。忽然，我開始明白，孩子啼哭的剎那，為什麼我會淚流滿面。因為那一時刻，我意識到了我們這代人已經長大了。

生命面前，什麼都顯得渺小，誰出來的時候都是哭著的，無法改變哭著出來的事實。如果可以，至少做到不留遺憾，笑著離開吧。

長大意味著獨立，意味著承擔，也意味著改變。

我的朋友小虎也是這樣。他是個功夫演員，年輕時，從不怕做各種動作，導演讓他從什麼地方跳，他就從什麼地方跳，骨折過，甚至半個月沒下過床。

他的大膽，在電影圈出了名，直到有一天，導演讓他從一個爛尾樓的二層往下跳。他站在窗戶上，遲遲不敢。導演幾次喊了開始，接著又喊了停。

他跟導演說：「我不敢跳了。」

導演問為什麼。

他忽然哭了。後來他說，那一刻，他忽然意識到自己的青春過了，不敢跳了，不知道為什麼，就是不敢了。

人的一生中都會經歷一件標誌性的事情，當它發生時，令你熱淚盈眶，令你感嘆時光的流逝，令你感覺到自己不再年輕。

我們控制不了時間，唯一能控制的，只有自己的心態和心情。

後來幾次上課，都有學生跟我留言，說：「老師，你好像什麼都知道。」

我說：「才不是呢。」

他說：「我看你都很淡定、不焦慮。」

我笑了笑，說：「可不是嘛，我上知天文下知地理！」

可那天晚上，我在日記本上寫了一段話：「年輕的時候什麼都想知道，所以焦慮地讀書、認人、看世界，然後隨著時間流逝，你忽然發現，人不焦慮了。不焦慮了不是因為什麼都知道，相反，還是有很多東西不知道，但就是不焦慮了，焦慮沒了，青春也就過了。」

3

我知道有人又要說我矯情了。

可是我想說：「至少我快三十歲了，還知道矯情，你一個十多歲的孩子，整天無欲無求，看著別人看書，就說在看雞湯；看著別人學習，你質疑是否有用；看著別人努力改變，你安慰自己平平淡淡才是真……一個人，連基本的情緒都沒了，基本動力都沒了，還叫人嗎？」

這些年讓我很感動的是，微博、微信後台，每次都有很多人留言說自己的故事。我很少回覆，不是因為沒看到，而是有時候不知道回什麼。

說實話，我很羨慕那些還知道感動、還知道分手痛苦、還知道未來迷茫、還知道焦慮的孩子，因為他們的未來還有無數的可能性。因為他們還在努力，還在尋求答案。

但我更羨慕那些人到中年還在努力學習、還對世界充滿熱情、不願意成為油膩中年的人。他們更了不起。

其實我們都有一天會成為中年人，也會有一天成為父親和母親，會有一個時刻，感覺到自己長大了。那時，會不會後悔青春年代有些瘋狂的事情沒做？

如果沒做，現在也不晚呢。

我曾經寫過：「年少時缺錢，年長時缺情，難得的是年少時賺夠了錢，年長時依舊多情。所以到今天，我珍惜身邊那些人到中年，依舊會有一個瞬間矯情的人。」

我曾與一位大我十多歲的兄長喝酒，喝到一半，他忽然哭了。

他說：「看到你，想到了當年的自己，如果當年，我也能像你這樣，大膽地做自己想做的事情，現在會不會過得更坦然、更不後悔？」

我說：「現在也不晚啊。」

他說：「晚了晚了，老了。」

我乾掉杯中的酒，說：「說句冒昧的話，如果你的生命只有最後幾天了呢？」

他也喝完了杯中酒，然後笑了笑說：「這麼想，也不晚，對吧？」

我說：「可不是。」

他笑得很開心，像個孩子一樣。

那是我認識他這麼久，第一次看到他露出了孩子般的微笑。

笑得很美，很單純。

追逐遠方，才能找到家

其實，每個今天，都是你最年輕的日子。在路上的尋覓，總會讓你更清醒，會讓你更瞭解自己，也更容易找到家。

1

昆明的天氣很怪，一會兒大雨，一會兒又晴空萬里，像個孩子，一會兒放聲大哭，一會兒又哈哈大笑。

我站在賓館的高層，俯瞰這座城市，發著呆，忽然想：「這已經是我第幾個早上站在窗前發呆了？」

在北京，我總能睡得很香，但一到其他城市，不用鬧鐘我都會自然起床。只要睜開眼，就睡不著了。不知道從何時起，我已經把北京當成自己的家，雖然我在這個城市沒房沒車。

2

這些年，我一直在外面漂，從一個城市到另一個城市。逐漸，我已經忘記了自己是哪兒的人。

我在新疆出生，父母帶著我在河南、湖北、北京都住過。後來的我，又總是在一個城市待不久就要迅速奔波到另一個城市，見到一群人後又很快見到另一群人。

每天早上，我都在不同的賓館，看著相似的天花板。但夢裡，明明在自己的床上，身邊是我熟悉的書櫃，但睜開眼打開燈，才知道我還身在異鄉為異客。

每天晚上，我都穿梭在各個城市中，和不同的人喝上一杯相似的酒。好像透過這樣的方法，我能判斷出各個城市有什麼不同。

逐漸，我明白了一件事，每個城市都有不同，不是城市的文化、設施，而是那些無法割捨的人。正因為北京的那些人，才讓我明白那裡才是我的家。

3

其實，每個人都在探索自己對家的定義：有人定居在某處是因為一群人，有人是因為一份工作，有人是因為一個她，有人是因為關於這座城市的某段記憶。

二〇一五年，我剛開始跑簽書會時，住過廉價的賓館，吃過路邊攤。

但我很感謝那段日子，因為在二十五歲那年，我跑了中國所有大城市。而那時我還不知道自己會何去何從，會在哪個地方定居下來，甚至，我還不知道自己是一個什麼樣的人。

你是誰，到哪兒去，從哪兒來，本身就是個要用一輩子探索的問題。

在跑了一圈後，我逐漸明白了住在哪座城市對我來說不重要，但之所以離不開北京，不是因為北京有多好，而是北京有太多我無法割捨的朋友，我喜歡和他們在一個地方喝酒聊天的感覺。重要的是，北京已經有我太多的青春，那些汗水淚水，那些難忘的每一天。

這一圈，也讓我認識了自己，逐漸知曉了朦朧的未來。

我經常鼓勵年輕人去探尋遠方。如果有了第一筆不多不少的錢，在安全的前提下，去遠方轉轉。因為你只有去過遠方，才能知道哪裡是家。

你踏遍更多的地方，才更能知道自己適合哪裡，就好比那些談過許多戀愛的女孩，最後總是能找到更好的歸宿。我這麼說你可能會說我三觀不正，但不是的，這世上很少有人見一面就能相愛廝守的。

我們這輩子一定會遇見好多人，喜歡上一些人，最後才會愛上一個人。同樣，我們會去好多地方，喜歡一些地方，最後才會定居在一個地方，這個地方叫作「家」。

曾經我和一個洛杉磯的朋友聊天，她告訴我她畢業後不著急買房，要先找個卡車司機男朋友和她周遊一下美國。

她說：「我要先周遊一下美國，等我知道了什麼叫全國，知道了哪些城市好，最後再決定定居在什麼地方，這樣才划算。」

後來，她和這個卡車司機結婚了，兩個人住在了波士頓。這也是我逐漸開始明白的：「追逐遠方，才能找到家」。

4

那天我看劉若英老師寫了一段話：「最近幾年，當我在機場登機處或者某個演唱會後台等候時，我開始分不清我是正在出發，還是正在回家。」

其實當一個人長期奔波在外，很難重新再找回家的感覺。

我曾經跟我的好朋友作家沈煜倫聊天，我問他，你喜歡這種跑來跑去的生活嗎？

他說：「許多人看到我特別光鮮，其實我覺得每天把衣服扔進洗衣機才是真正的生活。」

家是最美好的地方，家是一個就算你頭破血流也會為你開門的地方。隨著我們長大，我們要離開父母的家，找到自己的家。家不僅是一個房子，更是一片溫暖，是一種寄託、一種思念。

所以，在年輕的時候，可以試著多跑跑，看看外面的世界，再決定這個溫馨的地方是在何方。當自己有了屬於自己的家後，也就可以停止這樣的奔波了，因為每個人的心其實都很小，往往只能住得下一個人。

當一個人有了自己的家後，繼續開疆拓土就會很累。因為人可以有很多房子，但最好只有一個家。沒有著落的生活，其實很累人。

5

我認為的青春應該是折騰的，可以從一個地方到另一個地方，從遇見一個人到揮別另一個人，從一個領域跨界到另一個領域。你可以不為自己設限，只要保留底線就好。

但有一天，你遇到了對的人，找到了對的歸宿，就要從自由的狀態變成負責的狀態。比如你要對妻子負責，對孩子負責，你要學會跟過去那種放蕩不羈的生活說再見，甚至你要學會收斂自己的自由，用自律的心態面對新生活。

但你觀察身邊，又有多少人把日子過反了。

應該自由自在的青春裡，他們過得委屈，按照別人的意願找了工作、結了婚、生了孩子，才發現自己這輩子還沒玩過。

有時候我不太明白為什麼這麼多人把日子過得這麼彆扭，後來我慢慢明白，是因為他們在每個該做什麼的時刻都做錯了選擇。

其實，每個今天，都是你最年輕的日子。在路上的尋覓，總會讓你更清醒，會讓你更瞭解自己，也更容易找到家。

疲憊不疲倦，是這一年最好的結局

有生命到來，就會有生命離去。有時候，我們不得不承認，誰也控制不了自己的出生和死亡，好在，我們能決定怎麼活。

1

年底，我發燒了三天後，終於甦醒過來。北京的冬天太冷，許多人沒能躲過這場流感，高燒過後，是無休止的咳嗽，彷彿在抗議這一年對身體無計畫的摧殘。

從醫院回家的路上，已經是晚上九點多。我望著這座城市的高樓大廈，竟發覺空氣難得的好。冷風令人窒息，它們想盡一切辦法從我的衣領爬入，占領我的皮膚，我緊緊地扭住衣領對抗著。周圍送外賣的快遞員還在忙碌著，三里屯總是車水馬龍，東三環依舊是一片紅，周圍的社區時不時還能聽到幾聲格外刺耳的車鳴聲打破寂靜。

忙碌，似乎永遠是這座城市的主題。

我在路上走著，想起了很多事，這是我來到這座城市的第十個年頭了。

二〇〇八年，我來到北京，站在西直門的街道旁，抬頭看到一座座大樓，心想：「什麼時候能有一間屬於自己的辦公室？」

我從西直門一路猛走，不分東南西北，只是暴走著，不知道走到了哪個高檔社區。再次抬頭，看到那些房間和晾在外面的衣服，心想：「什麼時候我能住得起這樣的房子，擁有這樣的生活？」

想到那裡，我還是把頭低了下來，有時候，抬頭走路是容易令人失望的。

好在，人可以失望，但不能絕望，奮鬥是一輩子的事情。距離那次仰望到低頭，我用了將近十年，把這個動作翻了過來。

那些日子，我靠著自己扛過來。我把這些經歷寫成了文字，後來有幸出版成書，再後來，這些書暢銷百萬冊。有很多遠方的朋友說，他們被這些文字感動過，想感謝我。我說，其實應該說感謝的是我。

許多人說我寫的是雞湯，我不同意。當你經歷過，感同身受，才有資格評論哪些是湯，哪些是血和肉。謝謝那些文字傳到了讀者的身邊，也謝謝網路，讓他們的回應出現在我的面前。

2

二〇一七年，我在安徽辦簽書會。得知好兄弟小楠要當爸爸的晚上，我姐姐也告訴我，她要當媽媽了！除了為他們高興，我更覺得歲月像把利劍刺穿了我。原來只是知道人會長大，這次，感同身受的情緒讓我忽然意識到，原來我們這群人真的要步入中年了。所有冒充年輕人的偽裝，都會隨著新生命的誕生，而不得不面對年華。

小楠開玩笑說：「晶姐，我生的一定是個男孩，你生的一定是個女孩，等我孩子長大了去追你家孩子。」

結果我姐姐生了個男孩，小楠家是個女孩。

姐姐的孩子叫飯糰兒，小楠的孩子叫三一。姐姐天天說：「飯糰兒啊，等你長大了，去追三一啊。」

飯糰兒瞪著大大的眼睛，不知道在笑什麼。

姐姐生產時，我在產房門口。將近凌晨三點，我隱約聽到了孩子的啼哭聲，那聲音打穿了我的身體，直擊我的靈魂。母子平安成了一個詞彙豐富的作家腦子裡僅剩的詞語。

爸爸看到孩子就是不敢抱，姐姐笑著問爸爸：「為什麼不敢抱啊？」

爸爸沒說話，我想他一定想到太多撫養我們的情景，我從爸爸的身後看到他的頭髮白了一半。如果說人生有階段，爸爸的階段就是姥爺的階段了，姥爺的階段是什麼階段？我努力回想著我姥爺的臉，他在我不懂事的時候就去世了，但我記得他的白髮和他最喜歡哼的那些歌。

想到這裡，我的眼眶還是紅了。歲月啊，一邊帶來新生命，一邊蒼老著人的容顏。

而我們，也步入了中年階段。

3

二〇一七年，我完成了兩本書，《你要嘛出眾，要嘛出局》和《刺》。

為了《你要嘛出眾，要嘛出局》，我跑了七十場簽書會，幾乎跑遍了全國的每個角落。那段時間，我一邊跑簽書會，一邊更新微博上的專欄。每天還有大量的課，擔心身體出問題，我抓緊所有時間找賓館附近的健身房，哪怕只是跑半小時，讓身體出點汗。

好在這本書無論是銷量還是口碑，都沒讓大家失望。

在知識付費的浪潮一波接著一波湧來時，我依舊沒有參與，而是一心一意地輔佐我的兩位兄長尹延、石雷鵬做好自己手上的事。

考蟲是我第一個全力參與的公司，現在這個公司已經從幾個人的小公司變成了幾百個人的大公司。這一年，我們影響了更多學生，用更低的價格分享教育資源，讓一線教師的聲音和知識傳播到了更遠的地方。同時，對我們幾個創始人來說，壓力也是前所未有地大，好在我們都挺過來了。

我經常看到尹延十二點之後還在公司，對著PPT一頁頁地改，Allen幾乎是住在公司，石雷鵬老師也是早出晚歸，而我也把家搬到了離公司不到三百米的地方。

尹延曾經在開會的時候說：「我知道這些學生還有太多不行的地方，我現在想問，我們，對，我們，還能為他們做點什麼。」他說那句話時，黑眼圈印在眼睛下方，顯得滑稽又令人心疼。

當老師的七年裡，我最深刻的體會就是這些根深柢固的價值觀：「充滿愛，有責任，不喧嘩，不作惡。」

這簡單的價值觀，為我的寫作生涯提供了堅硬的基石：「不作惡，站著賺錢。」

二〇一七年，《你只是看起來很努力》再版了。書的版權輸出到了越南、韓國、日本、泰國……當這些國家的讀者透過微博用粗淺的中文或者英文跟我溝通時，我經常會被感動。對於青春，不分國籍，情感總能跨越國界，穿透到人心。

謝謝那些文字，能傳遞到世界的另一邊。我還會繼續努力，寫出更好的作品。

4

二〇一七年，我的文字裡多了一個時常出現的名字：宋方金。

他是我兄長，也是我的老師，因為讀書，我認識了他。這一年，他在電影和寫作領域給了我很大的幫助。

我的這些年，總是在遇到貴人。從剛進入教師行業時遇到的尹延、石雷鵬，到之後的日子認識的古典，然後到現在的好友宋方金。

宋方金是一個很敢講真話的人，他攻擊別人時，時常打得對方招架不住。這樣的架式，總讓人覺得他是鐵板一塊，但沒人知道的是，他的心很柔軟，而且總會被美麗的事物深深吸引。有時他正在生氣，當聽到喜歡的音樂時，他可以瞬間安靜下來；當遇到了好的詩句，他立刻猛酌一口杯中的酒；當遇到好的酒，他又使勁感嘆著生活的美。

他是個十分真實的人，敢怒敢笑，他的態度永遠寫在臉上。

二〇一七年，他的新劇《新圍城》開機，我擔任全記錄主編。我沒和他談酬勞，即使沒有，我也要做，因為我會永遠把他的事當作最重要的事去做。

我會把朋友的事情放在首位。慢慢地，我也懂得了能用錢解決的事情都是小事，偉大的東西都和錢無關。

每次我和他喝酒，總會喝醉，有時候也會喝到熱淚盈眶。他心疼我，知道我喝啤酒頭痛，如果桌子上放著一杯茅台，他一定遞給我茅台，自己喝啤酒。

我寫《刺》的時候經常很痛苦，半夜和他一起喝酒，他老是告訴我：「弟弟，不要喝亂七八糟的酒，永遠喝最好的酒，我們這種靠腦子活的人，千萬別把腦子喝壞了。」

直到今天，每次喝自己的茅台時，我都會想：「的確，要做什麼，都要做到極致，就算喝酒也一樣。」

5

我曾經在朋友圈裡寫過一段話：「宋方金是這個時代的一束光，只有讓他越來越亮，才能讓更多人看到希望。」

他發出的聲音具有喚醒的意義。他一開始痛罵小鮮肉、大IP、替身、假收視率，大家並未重視，但他一直在呼喊。直到二〇一六年，影視圈的風氣終於有了好轉的跡象。

如果說二〇一六年我有最大改變，那就是我也逐漸開始有了意識，意識到自己作為一個寫作者肩上的社會責任。

如果一個寫作者沒有責任，只為了稿費和商業廣告，那麼，這樣的文字是帶著銅臭的。這樣的文字，無疑也是不值錢的。於是，我寫完了第一部長篇小說《刺》。

我的朋友編劇于莉老師看完後，立刻打了個電話給我：「看到最後，我的頭皮都是發麻的，因為如果這一切是真的，那這個世界確實應該警覺了。我想，如果這部小說的暢銷能夠推動我們對校園暴力的重視，能讓更多的孩子免於生活在恐懼中，也算是把那些光照到了暗處，溫暖到所有角落。」

果然，《刺》上市後，一直名列圖書銷售排行榜的前幾名。

小時候，我一直在被窩裡想：「我們每個人活在這個世界上，都想為這個世界留下點兒什麼，無論這輩子有多長。」

現在，它正在實現。

6

在我結筆的時候，我正在回爺爺家的路上。就在這幾天，醫生對爺爺下了病危通知書。

二〇〇八年，我讀軍校的第一年，奶奶去世，我沒能見到奶奶最後一面。我忍著痛苦暗自發誓：「這種情景不能再有了。」

的確，這些年我一直在追求自由，直到今天，我做到了。可是，父親打電話來告訴我爺爺的近況時，我還是有些傷心。

他九十六歲了，我們都以為，他這根蠟燭還會繼續燃燒。爺爺這輩子上過黃埔軍校，參加過抗戰，從國民黨投誠到共產黨，經歷過文革。直到今天，兒孫滿堂，九十六高齡。

我一直想把他的故事寫成書，總想花時間採訪他，但卻總在無休止地忙碌，直到時光把忙碌變成了來不及。再次見到爺爺時，他已經聽不到我的話了。

在我離開時，爺爺離開了。沒有遺憾，因為至少我見到了爺爺最後一面。父親說，爺爺走前還在念叨我，說我很爭氣。

有生命到來，就會有生命離去。有時候，我們不得不承認，誰也控制不了自己的出生和死亡，好在，我們能決定怎麼活。

所以，想愛什麼人，就去愛吧。想去什麼地方，就趕緊出發吧。

別等到物是人非，心灰意冷，才知道悔恨的重量可以壓倒一切，何必呢。

這些年我總會感受到時光的流逝，感傷身邊人的走走停停。戴上耳機，旋律的厚重時不時會讓我熱淚盈眶，有時音樂剛起，眼眶就紅了。

時光殘忍，總能讓人招架不住，但又無可奈何。糾結著時，歲月的疤痕就已經刻到了臉上。

二〇一六年很累，但很充實，二〇一七年，應該會更累更充實吧。

疲憊不疲倦，是這一年最好的結局。
希望以後，每年的年末，我都能跟自己說這句話。
也希望你們，能在年末，為自己寫下同樣的文字。

有時候為了別人，你也要好好的

有了陪伴，有了愛的人，就擁有了生命的意義。而且，愛和意義，都是相互的。

1

我認識一個朋友幾年，溝通一直不順暢，他永遠活在自己的世界裡，誰也進不去。直到有一天，我看到他背後有四個刺青大字：「人間失格」，意識到他是要尋死。

《人間失格》是太宰治的作品。太宰治的一生，除了寫書，就是自殺，一生中五次自殺，死的時候才三十九歲。

他在自殺的間隙中，完成了作品，自殺是主業，寫作是附帶品。他的作品和人生，影響了很多人，他把自己活成了行為藝術，把文字變成了永恆的經典。我在很小的時候，讀過他的作品，但我一直不明白，活得好好的，為什麼要死。直到我自己成為一個作家，才明白，身邊許多文藝工作者都有過赴死的念頭，尤其是在夜深人靜的時候。人一思考，總會想到絕望和生死。

但我寫著寫著，就發現還是活著好。過著過著，就有東西割捨不下，這些割捨不下的東西，成了生命的意義。這些意義，給了自己活下去的勇氣。對我來說，活下去的意義更簡單：「還有這麼多好吃的，死了不就吃不到了嗎？」

這位朋友的發文更驗證了我的想法：「有時候覺得人活得真沒意義，我想，最終我也會像太宰治一樣吧……」

幾天後，我們幾個作家朋友聚會，我還是直白地說了：「我建議你，把背後的紋身洗了。你不是找不到生命的意義嗎？洗完你就知道了。」

他還反問我：「真的？」

我說：「假的。」說完我哈哈地笑了。

後來他還是洗了，又過了很久，我問他，找到生命的意義了嗎？

他說：「找到了，我得為我的女朋友活下去，她馬上就從國外回來了。」

我笑了笑，沒說話，因為我知道，等他女朋友回來後，他還會有新的意義，比如：要和她結婚，有個小寶寶。但是他女朋友回國不久，就和他分手了。他痛苦了幾天，又找了個女朋友，我相信他又找到了其他意義。

我寫這篇文章的時候，他已經結婚了。雖然還是活在自己的世界裡（可能是一種習慣），但至少沒有整天半死不活的狀態，至少他說自己不再那麼痛苦了。

我想，從他決定洗掉紋身起，他就明白了屬於自己的生命意義。

我想起了美國作家法蘭克的那本書《意義的呼喚》：「再極限的苦難，一旦找到了意義，痛苦就不再是痛苦了。」

2

《意義的呼喚》一書裡介紹了三種發現生命意義的方式：

第一，從事某項事業，取得成功。

第二，忍受不可避免的痛苦。

第三，去愛某個人，幫助他實現潛能。

我很同意第三個觀點，在此分享一則故事：一次，我在上課，當打開了留言區才發現，那堂課的留言暴增。怎麼兩小時的課，像是來了幾萬人一樣。於是我仔細看了看留言，才知道其實這一萬條留言就是十幾個同學刷的。

回想當日的課，那天大家聽得很開心，我講了不少段子，說了許多笑話，他們很配合，也很激動。

第二天，我上課時看了看留言區，還是他們在瘋狂洗版。

我開了個玩笑說：「你們可能不知道，這看似億萬大軍的粉絲，其實只有幾個人。這幾個人中，有一位粉絲叫億萬，所以，我有億萬粉絲。」

就這樣，他們自己開了群組，叫億萬大軍。

這些孩子很可愛。逢年過節會錄影片說：「龍哥節日快樂」，動不動在群組集體發一些資訊轟炸我出來，以至於我每次看手機都被洗版。

這些孩子把自己的名字，改成了各種各樣跟我有關的愛稱，龍哥的秀髮、龍哥的短腿、龍哥的油頭……有段時間，我偷偷用了分身潛入群組，忽然發現，這些孩子每天起得很早，一起早讀，學英語，分享讀書筆記。
有趣的是，他們來自不同的地區，有些相隔十萬八千里，卻能透過社交網站形影不離。後來有個孩子告訴我，在認識這群人之前，自己早就不想活了，但現在，每天都過得很充實。
我知道，一旦人有了目標，有了陪伴，有了愛的人，就擁有了生命的意義。而且，愛和意義，都是相互的。
在我寫完《刺》後，我的心情很糟糕。每天早上打開手機，無數的校園暴力、職場暴力的消息蜂擁而至，我明白了那句話：「當你在凝視深淵的時候，深淵也在凝視你。」
那段日子，我睡不著覺，只能透過大量的酒精麻痺自己，時常變得負能量滿滿。
但有一天，收到了學生們的影片，他們把我在各地辦簽書會的影片彙整到了一起，在最後他們寫了一句話：「謝謝你去了這麼多地方，給了我們這麼多力量，也希望你多多照顧好自己，我們愛你。」
看到那兒，我淚流滿面。
我說，為了你們，我也要好好的，給你們帶來更好的作品、更多的力量，你們認為的意義，也是我生命的意義。

3

當然，你可以說你又不是名人，不用影響那麼多人，也沒有那麼多人影響你。可是，你是否想過，面對家庭、父母、朋友，你就是巨星，哪怕為了他們，也不能隨意說自己的生命沒有意義。

美國暢銷書作家丹尼爾．克萊恩提出一個嚴肅的觀點：「說生命無意義，或者說意義不能由自我把握，多半是為自己的胡作非為找一個正當的理由。」

是啊，如果生命無意義，我當然可以胡作非為了，惡行當然也沒什麼了。

寫到這裡，我想起了一個媽媽。她生完孩子後，就得了嚴重的產後憂鬱症，老公也跟她離婚了，她本想一死了之。但為了孩子，活了下來，於是，她每天記錄孩子的生活和自己的感受，因為寫得好，她成了知名的母嬰部落客。

她總不讓我說她是誰，因為她不願意讓人知道那段她曾經想自殺的重度憂鬱的時光。

我曾經對她說：「等你孩子長大了，一定會很感謝你，感謝你活著。」

她說：「我要感謝她，她給了我活下去的意義。」

我說：「你千萬別把生命的意義放在一個人身上，尤其是孩子，這樣會毀掉她，也會毀掉你的。」

她說：「放心吧，我還有寫作。」

我知道她走出來了，為她高興，那些意義會伴隨著她走得更遠、更久。

有時候，就算為了最愛的人，也要有意義地活每一天，也要好好的，誰知道你是否會照亮更多人呢。

國家圖書館出版品預行編目 (CIP) 資料

你的努力要配得上你的野心 / 李尚龍作 . -- 初版 . -- 臺北市 : 今周刊 , 2019.03
320 面 ;14.8×21 公分 . -- (社會心理系列 ; 13
ISBN 978-986-96936-9-1(平裝)
1. 人生哲學 2. 通俗作品

191.9 108001470

社會心理系列 13

你的努力要配得上你的野心

作　　者　李尚龍
行銷副理　胡弘一
行銷專員　李依芳
主　　編　鍾宜君
封面設計　三人制創
排版設計　林曉涵
校　　對　呂佳真

發 行 人　謝金河
社　　長　梁永煌
副總經理　陳智煜
出 版 者　今周刊出版社股份有限公司
地　　址　10454 台北市南京東路一段 96 號 8 樓
電　　話　886-2-2581-6196
傳　　真　886-2-2531-6438
讀者專線　886-2-2581-6196 轉 1
劃撥帳號　19865054
戶　　名　今周刊出版社股份有限公司
網　　址　http://www.businesstoday.com.tw

總 經 銷　大和書報股份有限公司
電　　話　886-2-8990-2588
製版印刷　緯峰印刷股份有限公司
初版一刷　2019 年 3 月
初版十一刷　2019 年 5 月
定　　價　320 元